本书得到以下项目资助

1. 国家社会科学基金项目：20BGL203

2. 南京晓庄学院"学科队伍汇聚工程"建设项目

3. 南京晓庄学院国际商务硕士学位培育建设项目

创新种群演化动力学

王圣元　赵　彤◎著

武汉大学出版社

图书在版编目（CIP）数据

创新种群演化动力学/王圣元，赵彤著. — 武汉：武汉大学出版社，
2023.2

ISBN 978-7-307-23426-0

Ⅰ.创… Ⅱ.①王… ②赵… Ⅲ.企业管理－组织管理学－研究－中国
Ⅳ.F279.23

中国版本图书馆CIP数据核字（2022）第210094号

责任编辑：周媛媛　王兴华　　责任校对：牟　丹　　版式设计：文豪设计

出版发行：**武汉大学出版社**　　（430072　武昌　珞珈山）

（电子邮箱：cbs22@whu.edu.cn 网址：www.wdp.com.cn）

印刷：三河市京兰印务有限公司

开本：710×1000　1/16　　印张：12.5　　字数：186千字

版次：2023年2月第1版　　2023年2月第1次印刷

ISBN 978-7-307-23426-0　　定价：58.00元

本书的前期研究基础

1. 论文

[1] WANG S Y,CHEN W M,WANG R,et al.Study on the Coordinated Development of Urbanization and Water Resources Utilization Efficiency in China[J].Water supply,2022.

[2] WANG S Y, CHEN W M, LIU Y. Collaborative Product Portfolio Design Based on the Approach of Multi choice Goal Programming[J/OL]. Mathematical Problems in Engineering. Article ID 6678533, 16. https://doi.org/10.1155/2021/6678533, 2021.

[3] WANG S Y,CHEN W M, WU X L.Competition Analysis on Industry Populations Based on a Three-Dimensional Lotka–Volterra Model[J/OL]. Discrete Dynamics in Nature and Society,vol.2021, Article ID 9935127, 15. https://doi.org/10.1155/2021/9935127, 2021.

[4] WANG S Y,CHEN W M, WANG R, et al.Multi-objective Evaluation of Co-evolution among Innovation Populations Based on Lotka-Volterra Equilibrium[J/OL].Discrete Dynamics in Nature and Society. Article ID 5569108, 14. https://doi.org/10.1155/2021/5569108, 2021.

[5] WANG S Y,CHEN W M,LIU Y,et al. Research on the Decision Mechanism of University-Enterprise Collaborative Innovation Based on Quantum Cognition[J/OL]. Complexity. Article ID 5577792.https://doi.org/ 10.1155 /2021/ 5577792, 2021.

[6] WANG S Y, WU X L, XU M, et al.The Evaluation of Synergy between University Entrepreneurship Education Ecosystem and University Students Entr- epreneurship Performance[J/OL].Mathematical Problems in Engineering. Article ID3878378. https://doi.org/10.1155/2021/3878378, 2021.

[7] CHEN W M, WANG S Y, WU X L.Concept Refinement, Factor Symbiosis and Innovation Activity Efficiency Analysis of Innovation Ecosystem[J]. Mathematical Problems in Engineering. Article ID, 16, 2022.

[8] WU X L, WANG S Y, XU G Y. Compound Grey-Logistic Model and Its Application.[J/OL].Mathematical Problems in Engineering.Article ID 5588798, 13. https://doi.org/10.1155/2021/5588798, 2021.

[9] LIU Y, CHEN W M, WANG S Y, et al.Sustainable Growth from a Factor Dependence and Technological Progress Perspective: A Case Study of East China [J/OL].Discrete Dynamics in Nature and Society. Article ID 8739442. https://doi.org/10.1155/2021/8739442, 2021.

[10] ZHAI S L, WU X L, WANG S Y, et al. Application of Interaction Effect Multichoice Goal Programming in Project Portfolio Analysis.[J/OL] Mathematical Problems in Engineering.Article ID1863632. https:// doi. org/10.1155/2021/1863632, 2021.

[11] ZHAI S L, LIU Y, WANG S Y, et al. Growth Scale Optimization of Discrete Innovation Population Systems with Multichoice Goal Programming[J]. Discrete Dynamics in Nature and Society. Article ID 5907293.

[12] WU X L, WANG S Y, LIU YZ, et al.Competition Equilibrium Analysis of China's Luxury Car Market Based on Three-Dimensional Grey Lotka-Volterra Model [J/OL].Complexity. Article ID 7566653.https://doi.org/10.1155/ 2021/ 7566653, 2021.

[13] 王圣元,陈万明.基于灰色种群动力学的企业创新种群成长区域关联研究 [J].数学的实践与认识,2021,51(13):10-17.

[14] 王圣元,陈万明,陆康,等.高校智慧图书馆4.0:基于工业4.0和Web 4.0的未来图书馆研究 [J].图书馆理论与实践,2021(1):59-66.

[15] 王圣元,陈万明.创新企业种群成长动力学分析 [J].数学的实践与认识,2019,49(20):53-59.

[16] 陈万明,王圣元.产业内竞争、技术进步与增长收敛性测度:基于生态学视角 [J].科技管理研究,2018(2):119-124.

[17] 王圣元,陈万明.创新生态系统中两斑块种群关系研究:以江苏、浙江的工业企业为例 [J].数学的实践与认识,2017,47(22):18-25.

[18] 王圣元,陈万明,周蔓.供给侧改革中的人力资本结构优化研究 [J].工业技术经济,2016,35(11):18-22.

[19] 王圣元,陈万明,周蔓.异质性人力资本对经济增长作用区域差异研究 [J].工业技术经济,2016,35(2):148-153.

2. 专著

[1] 王圣元.管理研究生态学模型与方法:英文版 [M].武汉:武汉大学出版社,2021.

[2] 王圣元,赵彤,柳莹.新经济视阈下智能制造企业的创新机理与优化路径研究 [M].武汉:武汉大学出版社,2021.

[3] 王圣元.南京构建全国一流创新生态系统对策研究 [M].南京:东南大学出版社,2020.

[4] 王圣元.区域创新生态系统运行机理与优化研究 [M].武汉:武汉大学出版社,2019.

[5] 王圣元,陈万明,赵彤.零工经济:新经济时代的灵活就业生态系统 [M].南京:东南大学出版社,2018.

[6] 王圣元,戴孝悌.创新生态系统:理论与实践研究 [M].南京:东南大学出版社,2017.

内容简介

如何提升创新生态系统产出绩效是近年来的研究热点，也是经济高质量发展的现实问题。本书探讨创新生态系统中创新种群的运行和演化机理。为了更好地研究该问题，本书基于中国经济社会运行的实际情况，利用扎根理论方法对创新生态系统的概念模型进行了优化和共享经济视阈下的细化，运用微分动力学方程对概念模型中的主导运行机制进行了细致的数学分析和模型演绎。

本书选用我国优秀企业为研究样本，选取实证研究的数据，利用 Logistic 和 Lotka-Volterra 等种群动力学模型分析创新种群的运行机制。研究分别从创新种群的创新驱动、共享式创新驱动成长机制等单一种群成长机制，以及创新种群间共生机制等角度对创新种群演化展开实证分析。理论与实证分析的结果为创新种群的创新决策提供了全面的参考。为了更好地帮助智能制造企业进行科学决策，本书提出了一套基于种群动力学共生机制的交互效应创新投资项目决策机制。

创新生态系统有着类似于自然生态系统的演化动力和机制，本书利用 Lotka-Volterra MCGP 模型进行了基于实证分析支撑的创新种群的演化机制和全状态、种群均衡发展背景下创新种群的演化机制。

　　为了进一步了解创新种群的系统成长、演化过程，研究中构造了基于种群动力学运行机制的系统动力学仿真模型。仿真模型的模拟度、还原度和政策模拟效果均处于良好水准。本书运用系统动力学模型进行了复杂的政策模拟与仿真，为政策建议的提出给予有力的支撑。

目 录/Contents

第一章　绪　论

第一节　研究背景

一、理论背景

近年来随着"创新 2.0"和"互联网＋"时代的到来，更加成熟的信息技术、企业的边界模糊化、更快速的产品迭代，以及复杂的竞争环境使以往的封闭式创新和合作创新的创新效率难以保证，因此很多企业采用了开放式创新模式，加深了创新开放程度。

快速变化的社会与经济环境给全球范围内的创新活动带来了新的挑战，世界各国要想跟上竞争潮流并保持经济增长，就必须直面挑战。部分发达国家和这些国家内的公司着手灵活应对环境变化。日本密切关注并紧跟其他国家的创新政策，如德国的工业 4.0 和美国的先进制造业伙伴关系[1]。在澳大利亚，人力资本和信息通信技术等因素在创新创造过程中被证明具有重要意义[2]，与中国、印度和日本等合作伙伴的国际合作对澳大利亚的创新创造活动的成功实施至关重要[3]。在加拿大，需要建立基于国际背景和知识共享的创新政策[4]。瑞典采用提供补贴和支持研发投资的方式建立和加强创新吸收能力，特别是成熟行业的创新能力[5]。

通过分析各国创新的内部和外部决定因素可以清晰地发现，不同国家在各种创新理论和思想的支持下，实际运用了以下理论：韩国的国家创新体系理论[6]；芬兰、德国、希腊、爱尔兰、西班牙和英国的创新环境理论[7]；德国的创新网络理论[8]；瑞士的开放式创新理论[9]。然而，在每一种创新理论中，都可以找到对创新生态系统关键结构和创新主体角色的不同理解。例如，从创新系统的角度来看，可以考虑两种不同的结构：利用技术创新所需的制度结构和支持特定技术的创新结构[10]。此外，从政府政策支持的角度来看，有必要找到影响企业创新过程的适当因素。从区域创新系统的角度来看，"第四螺旋"的重要性日益增加，其中包括基于大学—产业—政府合作的跨代理网络，以及被强调为对创新系统发展至关重要的用户要素[11]。

比利时的案例说明[12]，仅凭目前这些创新生态理论不足以解决当前的问题，有必要了解创新系统核心的微观行为规律，以及创新系统运作的核心机制和更广泛环境[13]。基于以上动因，创新生态系统捕捉不同参与者之间的复杂过程和互动关系变得越来越重要[14]。跨代理网络通过使用和共享技术，共同创造和发展不同类型的创新[15]，并允许创建多层次、多模式、多节点和多代理系统[16]。基于公众支持、人力资源、复杂的协作网络、各种跨代理协会，建立高效灵活的创新生态系统，应对快速变化的环境，并有效地利用在这些生态系统中运作的个体参与者，对各个国家来说至关重要[17]。创新生态系统的表现是公共政策执行决策的关键指标[18]。

以往的研究可分为两部分：一部分研究了创新的个体决定因素[19]、合作[20]、知识创造[21-22]、公共资金[23]，以及它们之间的相互作用，主要是在新兴经济体内部的企业层面；另一部分的研究主要涉及创新生态系统的功能有效性[24-25]，以及创新生态系统的关键因素，特别是在宏观经济层面的影响[26]。现有的创新生态理论研究难以满足实践指导的需要。开放式创新强调的是打破企业传统封闭式的创新模式，打破组织边界，不仅从内部发掘创新，更注重依靠外部渠道创新。它的模式是"一对多"，企业自身和多个外部创新资源交互对接。运用共享经济视角可以对开放式创新的创新模式进行本质上的研究。国内外目前对共享经济的定义和理论内涵都没有一个明确的界定，对开放式创新的研究也很少深入创新生态系统内部，把两者结合起来进行应用研究的更是极少数。在此背景下，本书深入研究共享经济和开放式创新的理论基础，给出本书的界定，同时从共享经济的视角来研究开放式创新生态系统的创新模式和运行机制。

本书选取企业为研究对象，尝试构建共享经济视阈下的企业创新生态系统理论模型，对企业创新生态系统运行机制进行深入研究，重构能够体现共享经济视阈下企业创新系统的生态学分析框架，改进现有创新生态系统研究中对共生关系分析的不足。将生态学核心模型引入创新生态系统互动机制分析，构造基于种群动力学的共生机制分析框架。

二、实践背景

我国处于经济结构转型的重要时期，我国经济增长能否从要素驱动、投资驱动转向创新驱动是发展成功与否的关键。因此，技术创新是我国当前发展战略的核心任务，是实现建设创新型国家目标的根本途径。创新活动是一个系统工程，单一组织很难拥有创新所需要的全部资源。创新组织之间、创新组织与其他类型组织之间的协同共生成了新趋势。因此，构建创新生态系统是变革时代创新、创业、公共管理、产业发展的重要基础。为促进高端技术创新活动，我国也高度重视企业创新的发展。企业是创新的微观主体，然而，我国企业创新能力还相对薄弱，创新资源利用率也相对较低，虽然在一些地区已经形成较为成熟的网络嵌入平台，但还未能与企业内部资源形成良性互动，充分发挥网络嵌入平台的作用。因此，在我国大力提倡发展技术创新的政策背景下，促进嵌入网络与技术创新良性互动，提高企业的创新能力成为亟须解决的问题。党的十九大报告提出，要贯彻新发展理念，大力发展新兴产业，走好加快转型、绿色发展、跨越提升的新路。本书将从生态系统理论与企业创新理论相结合的视角对上述问题进行研究。

第二节 研究意义

一、理论意义

将生态学、生态系统理论、创新管理理论与共享经济理论相结合，并结合生态系统发展的各种规律和特征来研究创新生态系统，这为理解创新生态系统中各利益相关者的关系和系统运行机制提供了一种新的研究思路。引入生态理论中的种群生命周期理论、种群合作原理并将其作为测度方法，对创新生态系统的适应性演进进行定量分析，有助于为创新生态系统从量变到质变的演化机理提供确切的阐释依据。在共享经济视阈下研究创新系统的运行机制，所形成的学术研究成果可以进一步支撑、完善创新生态系统的理论体系，也是对共享经济理论、生态学与生态系统理论的发展。

二、实践意义

分析创新生态系统的运行机理，是本课题的主要应用价值所在。以往创新扶持政策机制的设计多是从政策制定者的主观视角出发，较少建立在系统运行与主体行为结合分析的基础之上，所制定的政策很难落到企业等创新主体需求的实处。本研究将在有效分析系统特征、演化机理和要素协同关系的基础上，将共享模式、组织行为、管理创新、种群合作与竞争机制引入系统的演化分析中，对创新生态系统健康程度做出客观评价，进而设计合理的运行机制，并通过系统动力学模型进行系统仿真与模拟调试，为创新实践者和创新管理者提供更为系统的决策依据，以制定切实可行的政策，从而推进创新主体勇于创新、善于创新和坚持创新。

第三节 研究目标与研究内容

一、研究目标

考虑共享经济迅速发展的时代背景，从适应性演进和共生协同的视角，研究创新生态系统的运行机理与演化，形成有助于激发、调节和完善创新行为的运行机制，具体研究目标可分为以下几方面。

（1）在理论目标方面，比较并阐明创新生态系统的概念。提炼创新生态系统的特征，划分出创新生态系统的发展阶段并阐释系统演化发展的机理，分析创新种群间共生协同关系所形成的协同效应，探究企业创新生态系统的运行机制。分析共享经济背景下的创新生态系统的演化，力图在创新生态系统理论体系构建上有所创新。

（2）在技术目标方面，以案例、访谈、调查问卷，以及国家、地方政府、高校及媒体等多渠道获取的数据，综合运用定性研究和定量研究中的多种技术手段，如多案例研究、扎根理论、种群动力学、结构方程模型、系统动力学仿真模型等进行研究，努力把握研究技术的针对性、可靠性。

（3）在应用目标方面，提出具有针对性、科学性和可操作性的对策和措施，构建共享经济视阈下创新生态系统内部新型创新机制，不断提升创新主体的创新能力。

二、研究内容

本项目以当前创新生态系统在促进企业创新过程中存在的问题为导入，在共享经济视阈下，运用创新管理、生态学、演化经济学等相关理论，分析创新种群成长与创新生态系统适应性演进的机理，评估创新生态系统健康度，据此设计创新生态系统运行机制，进而提出优化创新生态体系的政策建议。

1. 创新生态系统的概念与特征

从理论上对创新生态系统进行识别是本项目研究的基础。界定创新生态系统的概念，厘清创新生态系统的内涵和边界，确定研究范围；对创新生态系统的特征进行提炼，以进一步区分与其他生态系统的差异；解释创新生态系统特征和创新行为之间的关系，为优化系统设计的政策建议提供理论支撑。具体内容包括：创新生态系统概念模型构建、创新生态系统的特征提炼。

2. 共生协同视角的创新种群间的关系研究

最大程度地调动各方资源，协同服务于创新的全过程，这是构建创新生态系统的意义所在。在协同的各种形态中，共生协同最能反映创新生态系统种群间的关系。在共生协同视角下，创新者和其他种群之间是合作关系，共生体之间因利益一致而达到共赢的协同效果。结合第二部分研究内容中对创新生态系统发展阶段的划分，具体分析不同发展阶段特征下种群间呈现的不同合作结构，并对种群间共生协同形成的效应进行实证检验。具体内容包括：创新生态系统种群间关系研究、创新生态系统种群间共生协同效应实证分析。

3. 共享经济视阈下企业创新生态系统演化机理

系统的演化是系统由一种不成熟的结构或形态逐渐向成熟的结构或形态转变的发展过程，系统演化在内部动力和外部动力的共同推进下进行。围绕提高创新数量和质量的目标，使创新生态系统的发展与创新者的要求、创新驱动的社会经济环境相适应，这是系统演化发展的重要路径。本课题选择以创新生态系统与创新主体发展的适应性演进为内部动力，以创新生态系统与社会经济（共享经济）环境的适应性演进为外部动力，探索创新生态系统的演化机理。具体研究内容包括：共享经济视阈下创新生态系统发展阶段；共享经济视阈下创新生态系统与创新主体需求的适应性演进机理、共享经济视阈下创新生态系统与外部环境的适应性演进机理、共享经济视阈下创新生态系统健康度评估。

4. 共享经济视阈下企业创新生态系统协同发展机制构建

依据提炼的生态系统的特征，结合研究得出的内、外动力因子，划分出创新生态系统的二级子系统。每个子系统设计相应的测量指标，据此构建创新生态系统中创新种群作用关系模型，从而优化创新管理机制。根据创新生态系统健康评估和运行机制调适的结果，构建政府、企业、高校、科研机构、非营利组织等多方协同的创新政策体系。具体内容包括：共享经济对创新生态系统的影响、基于系统动力学模型的创新生态系统运行机制设计、创新生态系统治理与优化的对策。

三、研究方法

本项目将采用理论研究与实证研究相结合、文献阅读与调查问卷访谈相结合、定性研究与定量研究相结合的方法对企业创新生态系统进行研究，所采用的方法具体如下。

（1）多案例研究法：本项目对创新生态系统特征维度的提炼使用多案例研究的方法。

（2）扎根理论方法：用于创新生态系统的概念模型开发。

（3）种群动力学：用于研究创新生态系统中种群间的关系。

（4）系统动力学仿真方法：用系统动力学仿真方法对创新生态系统发展进行仿真研究，分析生态系统各子系统的因果关系，绘制创新生态系统的系统流程图，确定模型参数，构建仿真模型。对未来的变化进行模拟，发现制约生态系统向高级形态演化的限制因子并加以调控，加速生态系统的演化进程。

第二章　相关概念及理论基础

第一节　创新生态系统

一、概　念

"创新系统"[27] "国家创新系统"[28] 等概念进入人们的视野，是在经济合作与发展组织[29] 发布《以知识为基础的经济》《国家创新体系》研究报告之后。美国总统科学和技术顾问委员会（PCAST）于 2004 年发布《维护国家的创新生态体系、信息技术制造和竞争力》《维护国家的创新生态体系》研究报告，正式将创新生态系统作为研究的核心概念[30,31]。

外国学者在创新生态系统领域的研究成果主要聚焦概念诠释、要素构成与价值创造，以及适宜度评价等方面。在创新生态系统概念诠释方面，Adner 最先将生态学与技术创新理论相结合，界定了创新生态系统概念。Adner[32] 在《哈佛商业评论》（*Harvard Business Review*）发表一篇文章之后，这一概念的使用就开始了，这篇文章也提供了创新生态系统最广泛使用的定义。他将创新生态系统定义为"企业通过合作安排将各自的产品组合成一个一致的、面向客户的解决方案"。近年来，人们还尝试从不同角度定义或描述创新生态系统。

众多学者从不同视角对创新生态系统进行阐释。从系统学视角，Holgersson 等指出，创新生态系统是由各行动者组成的合作与竞争系统[33]。Witte 等人将创新生态系统定义为"现代经济中为持续创新做出贡献，并提供创新参与者和创新资源的子系统"[34]。创新生态系统包括企业家、投资者、研究者、风险资本家，以及商业开发者和管理决策者。从创新活动视角，Ove 和 Marcus 将创新生态系统定义为不断演变的一组行动者、活动和工件，以及对行动者或行动者群体的创新表现起到非常重要作用的机构和关系[35]。从网络系统视角，Ding 和 Wu 指出，创新生态系统是由政府、核心企业、上下游企业和客户等为了创造更有价值的新产品形成的网络系统[36]。Walrave 等人将创新生态系统定义为一个相互依存的参与者网络，这些参与者将互补的资源和能力结合起来，寻求共同创造并向最终用户提供一个总体价值创造方案，并对创新过程中获得的收益进行分配[37]。Tsujimoto 等人将技术和管理领域创新生态系统的目标定义为"提供产品系统的自组织多层社会网络，由具有不同属性、决策原则和信仰的参与者组成[38]。"从协同学视角，Yan 等人指出，创新生态系统是由组织内政治、经济、环境、技术的相互催化与互相支持形成的协同发展体系[39]。Gomes 等人针对以下特点对创新生态系统的构建进行了特征描述：为共同创造价值而设置创新生态系统[40]。它由相互关联和相互依存的网络参与者组成，其中包括协调公司、客户、供应商、互补创新者和作为监管机构的其他代理。这一定义意味着成员在创新生态系统中面临合作与竞争，创新生态系统具有生命周期，它遵循一个共同进化的过程。

这些定义中包含的要素包括参与者、协作、活动、工件、共同进化、机构和替代品。不同的定义给出了不同的构成要素。在创新生态系统构成要素方面，Adner 和 Kapoor 指出，创新生态系统包括上游供应商、下游用户和中间商等[41]。Granstrand 和 Holgersson 提出，创新生态系统包括创新主体、对象（产品、服务、资源）、活动、制度、关系（互补、竞争、替代）等要素[42]。Xie 和 Wang 指出，创新生态系统成员包括企业、供应链成员、竞争者、高校和中介机构等[43]。在创新生态系统价值创造方面，

Ritala 探讨了领先企业促进价值创造的有形与无形机制[44]。Surie 提出，企业建立创新生态系统和实现价值共创需加强与政府等外部组织的联系，利用新技术平台加强互动[45]。

国内研究始于对创新生态系统概念与特征的关注。创新生态系统研究逐渐深入，但是对创新生态系统的概念界定并没有形成广泛的共识。国内学者对创新生态系统进行研究时，部分研究没有明确给出概念或者定义，只是借用创新生态系统这一概念或者对其内涵加以描述。研究中明确给出创新生态系统的概念主要分为以下两类：一类是通过生物学（生态学）隐喻来表达核心理念[46-48]，即创新生态系统是指一定区域内各种创新种群之间、创新种群与创新环境之间，通过物质流、信息流、能量流、人才流的联结传导，形成动态演进、共生竞合的开放、非线性、多层次、复杂系统。创新生态系统组成的基本要素是物种，如企业、科研机构、辅助机构、政府等。另一类从企业或产业创新（生态）系统[49-51]、商业生态系统[52, 53]、国家或区域创新（生态）系统[54]等单一视角或多重视角[55]推导出创新生态系统的内涵。

可见，创新生态系统的研究成果丰富，是当前的一个研究热点。目前研究主要是利用生态学的理论和分析框架来解释创新生态系统。作为一个新兴的交叉学科，创新生态系统的相关理论对创新机制的解释并不完善。

二、特 征

创新生态系统的主体框架是由创新主体与创新环境两部分构成的。创新生态系统的框架结构是静态的，但是这个看似静态的系统还具有许多特性。学者们总结了目前创新生态系统的特征，如表 2-1 所示。

表 2-1　创新生态系统的特征

学　者	时间/年	研究成果	系统特征
黄鲁成[56]	2003	区域技术创新生态系统是技术创新组织与环境的空间集合	整体性、耗散性、复杂性和调控性
隋映辉[57]	2004	城市创新生态系统是城市创新和科技产业的集合	自组织
孙洪昌[58]	2007	开发区创新生态系统具有成员复杂性、系统开放性及自组织性等典型特征	复杂性、开放性、自组织性
陈斯琴，顾力刚[59]	2008	企业技术创新生态系统是企业技术创新组织与环境相互作用形成的整体系统	整体性
张利飞[60]	2009	高科技企业基于构件或模块的知识异化协同配套、共存共生、共同进化而形成技术创新体系	共存共生
颜永才[61]	2013	构建了产业集群创新生态系统的"双钻石"空间结构框架模型，提出其创新种群按照其功能差异可分为投入、制度创新、创新服务、原始创新、技术创新等不同的种群	生态性、种群异质性
冉奥博，刘云[62]	2014	创新生态系统是企业等多主体之间形成"技术研发、技术应用、技术衍生"的循环过程，通过信息传递而充分利用发展技术的复杂系统	复杂性
李万、常静、王敏杰、朱学彦、金爱民[47]	2014	创新生态系统是各种创新群落之间及其与外部的创新环境之间形成的共生、开放、复杂的系统	共生、开放、复杂

　　可见，由于研究创新生态系统时的侧重点、视角、对象与内容的不同，创新生态系统的特性也呈现出多种多样的形式。本研究从创新生态系统的自然生态性概念、种群之间的演化机理出发，认为创新生态系统特征主要表现为物种和种群多样性及其竞合共生、生态系统的自组织动态演化、创新系统的开放式协同。

1. 物种多样性

和自然生态系统类似，创新生态系统创新主体（物种、种群和群落）的多样繁杂，维持着创新主体的生存、发展并使其走向繁荣，从而使创新活力持续迸发。一个生命力旺盛的创新生态系统不仅要有企业、高校和研究机构等核心主体，还要有政府、中介机构、金融机构、科技园、孵化器这些辅助主体。一个生机勃勃的创新生态系统既要有具有影响力和控制力的创新核心企业（集团），也要有充满活力的中型创新企业和创新型小微企业。

创新生态系统是一个非线性的复杂巨型系统。创新生态系统中的物种越丰富，说明系统内的"创新基因库"越庞大，密集的尝试、回应、改进、选择就会在创新主体和创新环境之间重复进行，从而使创新主体的创新遗传种类多样繁杂，创新变异潜能不断增强。

2. 物种竞合共生

在一个创新主体多样性的系统内，各创新主体间不但会有激烈的竞争，还会有基于比较优势的分工与合作。单一的竞争或合作战略关系，无法使其应对复杂的生存环境和挑战，各主体之间必须要在各自利益和共同目标的驱使下，建立深度融合、互利互惠的创新共生体。

在竞争与共存的过程中，每一个创新主体不仅可以实现资源、技术和能力的互补增值，还可以创造一个主体不能独立产生的价值，使整个生态系统能够协同发展。因此，要求创新生态系统竞争的不仅仅是系统中物种的多样性属性。实际上，只有通过竞争共生，创新生态系统才能达到最适当的多样性程度。

3. 自组织动态演化

一个好的创新生态系统类似于一个自然生态系统，通过物种遗传、变异、衍生和选择的进化机制，实现自我强化和自我生长，从而不断接近动态最优目标。在动态演化过程中，创新生态系统也是耗散性的，因为在这个过程中，如果系统内各子系统之间没有很好地协调和相互制约，那么整个生态系统就会混乱无序，导致创新效率低下。所以要使创新生态系统从无序向更高竞合共生效率的创新网络组织演化，就需要物种、种群和群落，与其生存环境构成食物链、生态链、生态网络。

4. 开放式协同

随着世界各国社会的信息化、系统化和全球化，创新生态系统不能在某个国家或地区单独孤立地生存下去，而应该与外界密切关联。在创新生态系统中，创新物种频繁地从外部进入，推动了种群内部竞争和群落整体变化。创新生态系统内外的创新主体、资源和环境必须相互关联、相互制约、相互促进，形成协同开放的网络，使创新生态系统不断进化和发展。

在创新生态系统中，主要的创新主体有大学、政府、科研机构、科技服务中介机构、金融机构。大学为创新生态系统提供人才，政府为创新生态系统提供政策，科研机构为企业提供基础研发，科技服务中介机构提供信息，金融机构提供资金流，企业给予创新生态系统相应的回报。用户作为创新应用群体，为企业提供各种反馈信息。这些大量不同的创新主体（物种、种群）相互交织，通过系统环境中的各种资源产生一个竞合共生、自组织动态演化、开放式协同的庞大创新生态系统网络。

目前，学者对创新生态系统特征的描述主要是基于对自然生态系统特征的理解，将生态系统特征移植到对创新生态系统的描述中。借鉴自然生态系统的特征来描述创新生态系统的特征，可以比较好地解释创新生态系统中不同种群之间的共生关系。但是，目前的创新生态系统特征分析更多的是利用自然生态系统的隐喻来阐释创新生态系统的相关概念，而缺乏对机制的深入研究。创新生态系统是人类社会中的一个复杂系统，它和自然生态系统有着显著差别。对自然生态系统的描述并不能简单地移植到创新生态系统中来。创新生态系统的系统性特征，除了具有自然生态系统的特征之外，还应该具有其自身的特点。另外，创新生态系统并不是孤立存在的，它是人类社会市场中的一个组成部分，和其密切相关的还有商业生态系统、公共管理系统、自然生态系统等。

第二节 创新物种及其演化

一、创新生态系统的生物学隐喻

基于演化经济学理论和自然生态系统理论，给创新生态系统赋予生态化的新内涵，利用生物学演化规律更能够深入分析创新活动过程，从而发现和解决原来创新体系的问题。由于给创新生态系统赋予了生态化的新内涵，所以创新活动应该看作是创新生态系统中，物种、种群甚至群落应对创新环境发展、变动的过程。表 2-2 简单总结了一些生物学隐喻，以展示创新生态系统的构成。

表 2-2 生物学隐喻对比

自然生态系统	创新生态系统	创新活动
物种	创新物种	创新活动主体
种群	创新种群	某类创新主体集合
群落	创新群落	多种创新主体形成的群居共生关系
遗传	创新遗传	系统稳定机制（维持现状）
繁殖	创新繁殖	对已有创新的学习、模仿、跟进
变异	创新变异	突破式创新
选择	创新选择	市场竞争
生境	创新生境	资源禀赋
斑块	创新斑块	创新活动主体区域性聚集

物种是生态系统中的基本单位，创新生态系统中的物种就是各种创新主体。某个物种聚集起来就形成了种群，不同的种群相互联结形成各种群落。在创新生态系统中一般有研究、开发、应用三大群落。在创新生态系统中，各种资金流、物质流、能量流、信息流、人才流贯穿于整个创新生态系统，这些资源流在种群、群落与环境之间进行交换、循环，从而使种群或群落在创新生态系统中相互竞争、合作，共同依存，实现动态演化。

二、创新物种

在创新生态系统中，对于创新主体的划分，不同的研究角度，会划分为不同的创新主体。创新生态系统中的每个主体都发挥其各自的作用。各创新主体之间不再是原来的线式、链式联系，而是形成动态、多层次的创新网络结构，在竞争、合作、共生中完成能量及物质的交换。表 2-3 所示是不同视角下的创新主体划分。

表 2-3　不同视角下的创新主体划分

研究视角	创新主体划分
服务创新生态	创新平台提供者、创新服务提供者、客户及中介组织
知识创新生态	知识创造主体、知识应用主体、知识增值主体
自然生态	所有与创新相关的主体：核心企业、供应商企业、客户、高校及科研机构、政府、科技服务中介、金融机构等

从自然生态系统角度对创新主体进行划分，根据其发挥的作用大小分为核心主体和辅助主体，如表 2-4 所示。

表 2-4　自然生态系统视角下的创新主体划分

主体	主体类别	主体功能要素
企业	技术创新核心主体	创新主体、核心企业、价值创新主体
高校和科研机构	原始科学创新、人才培养主体	新技术、高端人才、科学探究与产品研发
用户	创新应用主体	买取、运用，以及享受产品和服务的消费者、反馈与新的建议、产品需求
政府	制度创新主体	制定政策、提供资金、基本设施
科技服务中介机构	服务创新主体	"居间"服务、公共服务机构和集群代理机构、服务组织（协会）、创新资源集聚、科技成果扩散和转换
金融机构	创新投资主体	研发及创业资金
孵化器、科技园	创新创业耦合主体	共享设施、企业聚集、连接和分享

在共享经济视角下，创新主体所需要的各种资源可以通过共享的方式获得，共享方式可以更好地提高创新生态系统中创新资源的利用效率，加快创新生态系统的优化和演化。

三、创新物种演化

与自然生态系统相似，创新生态系统的进化机制也遵循遗传、变异、衍生和选择的原则。正因为存在这样的机制[63]，通过不断创新、优化和升级，使原有的自然生态系统逐步形成活力四射的创新生态系统。这里通过与自然生态系统演化机制的类比，从以下 4 个方面进行详细解释。

1. 遗传机制

遗传机制是指母体与子体之间、子体与子体之间表现出的相同或类似的性状。创新生态系统居于静止或趋于均衡的时候，遗传机制使创新主体之间更趋于维持现状。"遗传因子"是指目前已经存在的创新成果和人才。创新遗传主要动因是"创新惯性"。对于那些从现有的创新成果中获益的主体来说，新的创新需要额外的成本，且未来的收益也不是很确定，所以它们会暂时选择用现有的成熟技术；对于新的创新主体来说，它们短期内只能充分利用系统中的"遗传因子"使其快速成长，待成熟之后才会进行新的创新。

2. 变异机制

变异机制指物种母体与子体之间、子体与子体之间表现出的差别。创新生态系统变异是指系统出现的系统性和非系统性的变化，一般指一些发明型创新或者变节性创新。变异的动因主要来自用户和创新企业。由于市场需求被产品使用者刺激和推动，在利益驱使下，企业积极开拓新的市场，从而产生变节性创新，推动创新变异。

3. 衍生机制

衍生机制指物种由母体物质产生新物质的机制。创新生态系统衍生被看作在资源流的循环和发展中，创新主体通过接纳、理解、改造、集聚、扩展等形式继承或创造新技术。创新生态衍生演化动因使创新能力和辅助能力得到提升。

4. 选择机制

选择机制指适应者留存，不适应者出局。创新生态系统选择是从种类繁多的创新中筛选最优创新，从而能够保证创新生态系统不断优化。创新生态演化选择动因是指用户对创新成果的青睐或者抵制。

以上内容整理如表 2-5 所示。

表 2-5　系统演化机制的类比

演化机制	自然生态系统	创新生态系统	创新生态演化动因
遗传机制	母体与子体之间、子体与子体之间表现出的相同或类似的性状	居于静止或趋于均衡的时候，遗传机制使创新主体之间更趋于维持现状。"遗传因子"是指目前已经存在的创新成果和人才	指"创新惯性"。对于那些从现有的创新成果中获益的主体来说，新的创新需要额外的成本，且未来的收益也不是很确定，所以它们会暂时选择用现有的成熟技术；对于新的创新主体来说，它们短期内只能充分利用系统中的"遗传因子"使其快速成长，待成熟之后才会进行新的创新
变异机制	物种母体与子体之间，子体与子体之间表现出的差别	变异是指系统出现的系统性和非系统性的变化，一般指一些发明型创新或者变节性创新	主要来自用户和创新企业。由于市场需求被产品使用者刺激和推动，在利益驱使下，企业积极开拓新的市场，从而产生变节性创新，推动创新变异
衍生机制	物种由母体物质产生新物质的机制	衍生被看作在资源流的循环和发展中，创新主体通过接纳、理解、改造、集聚、扩展等形式继承或创造新技术	使创新能力和重要辅助能力得到提升
选择机制	适者留存	选择是从种类繁多的创新中筛选最优创新，从而能够保证创新生态系统不断优化	用户对创新成果的青睐或者抵制

概括而言，在创新生态系统中，静态和均衡态是暂时的。当创新生态系统受到某种冲击或强大外力影响时，如创新生态系统中的政策、市场、法律等环境发生了巨大变化，这种静态和均衡态将被打破。创新生态系统中创新的遗传特征更类似于一种惯性。创新主体（创新种群）的规模越大，遗传因子的作用越大，维持现状的倾向也越高。创新生态系统的变异被视为创新主体和创新环境通过相互适应和相互选择实现进化。当创新或变化产生时，创新主体通过接受、理解和集聚的形式进行反复创新活动，从而提高创新效率、水平和能力。衍生机制的作用是创新者通过接受、理解、转化、集聚和扩张来继承或创造新技术，从而提升核心创新能力和创新辅助能力。选择机制的作用是选择和传播良好的变异、抑制不良变异的演化过程。它的动因主要来自用户对创新成果的选择或抵制。

四、创新物种间协同演化

协同演化的概念源于生物学，最早由生物学家 Ehrlich 和 Raven 在有关蝴蝶与植物研究中提出 [64]。Ehrlich 认为，协同演化是指两个以上的物种不断进行交互作用并演进，其演化路径相互缠绕的现象。协同演化是大自然多样化的基本机制之一，其可以揭示物种与环境之间、物种之间、物种内部的相互作用和进化过程，以及已经展现出的相互适应、自组织特征。生物学家 Janzen 认为协同演化是两类物种或多类物种的联合进化 [65]。

协同演化论区别于普通进化论：普通进化论认为，一个物种应该是独立存在的，相对应的其他环境和别的物种等一些有关联的背景都是相对静止存在的。相反的持协同演化观点的研究者认为，物种和环境彼此之间是相互影响的，并且在其中不断发展和进化。

协同创新对不同类型的企业均有益处。从小企业的角度来看，协同创新可以启动多种资源，加快新思想的商业化进程，及时、快速地开拓市场，以最快的速度形成一定的规模。从大企业的角度来看，协同创新可以在一定程度上解决大企业的问题。由于企业所面临的环境是不断变化的，企业自身能力需要不断提升，故需努力建设动态能力，以应对环境变化带来的不确定性。协同创新在这些方面具有巨大的潜力。

关于创新生态系统协同演化方面的研究，国内外学者已取得了很多有价值的成果，但也存在一些不足和有待进一步深入探讨的地方，主要表现在：首先，研究还处于初期，主要是宏观层次的静态研究，研究方法以案例研究为主，然而案例和实证研究不能很好地解释复杂系统交互行为所涌现的宏观结果，更多的是定性的认识，不能解释因素之间的相互作用对整体协同行为的影响。因此，要对复杂系统进行深入认识，必须进一步进行定量动态分析。其次，能够影响系统形成和正常运作的还有一些决定性的重要因素，如成员之间进行的协同作用和演变过程。哪些因素是影响技术创新生态系统协同演化的关键，这是目前理论界有待深入研究的问题。最后，对于资源在技术创新生态系统的作用机理还缺乏深入研究，尤其是较少地从资源的角度来分析技术创新生态系统协同演化过程方面的研究。因此，本书研究创新生态系统协同演化模型，将采用计算机仿真方法和多案例研究方法，解析该系统在进行协同作用和演变过程中的作用机制，为创新生态系统协同发展提供指导性的建议。

国内相关文献运用组织生态学理论研究了企业种群的协同演化过程。李文华、韩福荣、王立志运用传染病模型、密度依赖模型及双密度关系依赖模型，实证研究了国内软件企业与硬件企业之间的协同共生关系[66]。黄鲁成、张红彩运用 Logistic 模型、传染病模型研究了通信设备制造业中通信传输设备与通信终端设备两个子种群的协同演化过程[67]。王子龙、谭清美、许箫迪运用企业集群共生演化模型对中国部分制造类企业集群1985—2004 年的整体演化轨迹进行了实证分析[68]。

上述研究几乎均是以某个产业为对象，从企业层面入手，以进入与退出市场的企业数量作为研究数据来源，运用生态学相关模型，验证单一种群的演化过程或者两个子种群的协同演化关系。对于高科技产业，比较常见的是围绕产业链形成相互影响、相互依赖的技术创新生态系统，以创新生态系统中的技术种群作为研究对象的相关文献较少，主要以定性研究为主。目前，创新种群之间的关系研究比较少见，本书将在前人研究的基础上，选择创新企业种群作为研究对象，运用生态学、种群动力学模型，实证研究创新生态系统企业种群之间的耦合方向及耦合强度是否具有对称性，主要受哪些因素制约。

第三节　共享经济

一、共享经济产生的原因

学者们对共享经济的研究起源于高效率资源"共享"理念[69]，这是经济可持续发展的内在逻辑之一。长期以来，关于共享经济的研究虽然是热点议题，但是一直没有得到系统性发展。21世纪初，随着互联网技术的发展，基于同侪生产（Peer Production）的逻辑逐步演化出共享经济的业务形态，并开始形成了共享经济的概念[70]。共享经济是一种基于互联网技术等技术条件提升闲置资源配置效率的新模式，其呈现的特点是盘活存量、人人共享[71]。共享经济的运行需要三个基本前提：一是客观上存在可供分享的物品或服务且其利用效能被系统性低估；二是主观上共享标的拥有者、享用者及其他参与方具有分享的动机；三是具有连接需求者和供给者的机制或机构[72]。

二、共享经济呈现的特征

基于国内外实际运行经验，不同类型的共享经济模式虽大相径庭，但其基本上都具有以下4个重要特征。

1. 平台化

共享经济基于现代通信和互联网技术形成一个新平台，在这个平台上供给方形成资源供给池，需求方形成资源需求池，供求双方在平台上进行资源集约和需求匹配。

2. 高效化

由于技术的支持，共享经济使供求双方的匹配可以跨越时间和空间的约束，变成一个成本较低甚至是边际成本递减、效率提升较为显著的过程。共享经济利用长尾客户的集聚效应和规模经济，使供求匹配的业务模式更加高效且在商业上具有成本收益的可持续性。

3. 开放性

绝大多数共享经济业务模式都具有开放性。从业务模式上，共享经济对所有的资源拥有者和资源需求者开放，使他们具有同等的进入门槛，主要通过集聚来实现规模效应和供求匹配，即一个双边匹配平台。如果这种匹配性高，那么就具有自我强化的功能，开放性使其能够吸引更多的供给方和需求方，双边匹配平台功能不断强化成为一个要素集聚中心。从技术层面上，共享经济的接口大多也是开放的，可以连接共享经济其他相关的参与者，这种范围更大的开放性，使共享经济可以形成一个自我完善的生态体系，变成一个多边市场平台。

4. 分布式

传统的产品供给和服务供给基本是一个中心化或垂直化的模式。产品从生产到供给的过程呈现的是一个垂直的链式过程，同时以生产厂家作为链条的中心；服务的供给同样是以服务机构作为中心。例如，银行业服务基本是以银行机构作为服务的中心并向外辐射，匹配客户多样化的金融需求。但是，共享经济基于现代信息技术，如区块链，逐步构建一种分布式数据库，呈现出对传统中介机构的去中介化，并建立自我强化的服务模式。例如，银行机构提供服务时需要"信用背书"来处理信息不对称并降低违约风险，但是，共享金融机构的自身信用征集机制可作为信用利差的定价基础。在共享经济发展过程中，分布式已成为日益重要的发展趋势，并致力于构建一个基于分布式技术的服务体系：在网络层，通过分布式技术及交换协议形成一个相互关联又有效分类的网络平台体系；在数据层，通过公共总账本、共识算法和密码学，实现对分布式网络的有效链接和内在互动；在应用层，通过大数据、云计算及未来的智能合约、人工智能实现自我的供求匹配，以及相关的登记、交易、支付和结算功能。

三、共享经济的发展机制

1. 所有权与使用权分离

共享经济的基础是所有权和使用权的暂时分离，强调的是存量的盘活、闲置资源的更有效利用，其本质是以信息技术为支撑、以信息终端为载体，公平、有偿、高效地共享社会资源，供求双方为共享付出相对较低的成本，共同享受共享产生的红利[73]。共享经济是闲置资源所有权和使用权相分离，暂时转移闲置资源的所有权，并且，闲置资源的使用一般以重复、高频、高效为基本特征。从宏观角度出发，共享经济可以有效减少个人对资源要素的占用规模和占用时间，降低经济社会发展的资源、能源压力。以共享标的使用权作为交易对象，共享经济形成了个体化的所有权和社会化的使用权的有效结合。网络时代社会成员处在多种相互关联的虚拟社区之中，社交网络的拓展迅速提高了共享经济的规模效应，即集合价值（Aggregate Value）[74]。

以信息技术为支撑的网络社区对于资源使用、配置和管理的成本可能低于实体市场或行政体系下的交易成本[75]。规模效应提升了共享经济的收入，同时降低了共享经济的成本，从而形成了成本收益的可持续性。规模产生的过程就是价值共创的过程[76]。对于盈利性共享经济而言，只有规模足够大，供求双方才能高效地进行匹配，有效提高需求响应速度，有效降低服务供给成本，使共享标的的使用成本低于拥有所有权的成本，并形成一个成本可负担的业务模式。

2. 需求与供给匹配

消费变革者（Transumers）的协同消费（Collaborative Consumption）

被认为是共享经济发展的需求基础[77]。协同消费使分散的个性化的消费需求可以通过相应的平台形成集聚效应，从而对没有所有权、注重使用权的产品和服务形成规模效应，使闲置资源或者特定产品与服务供给（如租赁）成为成本收益可持续的商业模式。

协同消费是共享经济中共享产品和服务需求池的基础。协同消费的发展主要有以下几个重要的原因：一是消费便利性，消费者行为的便利性大幅度提升，共享经济很多是"懒人经济"，技术革新使服务供给变得高效、低廉且便利，匹配了消费者的行为取向；二是消费主动性，在传统的消费模式上，消费者的消费行为往往是被动的，营销、打折、获客等成为传统消费模式的重要促进手段，但是，新兴的消费模式中，消费者依托互联网信息技术解决了服务信息不对称的问题，更加注重主动性，更加注重消费"主权"和消费"控制权"[78]；三是消费者剩余，在协同消费中，对于消费者而言，一个潜在的驱动力就是消费者剩余。在共享经济中，消费一定数量的某种商品或服务愿意支付的最高价格与这些商品的实际市场价格之间的差额，成为了共享经济驱动消费者参与其中的基础动因之一。

与以协同消费为支撑的需求池相对应的是基于平台集聚效应而产生的供给池。在成本方面，共享经济通过技术、流程、机制、组织等创新使交易成本逐步降低，并低于共享标的的再生产成本，使交易成为创造收益的途径。共享经济的实质是交易成本最小化。共享经济甚至可以通过技术的优势使边际成本趋近于零，从而使共享经济的产品和服务提供成为可能[79]。同时，互联网技术使服务获得的信息成本大幅度降低，信息支撑下的社会网络集聚效应使服务供给更加容易获得规模效应和专业化细分，供给者可以发挥专业化优势并突破边际成本与边际收益的瓶颈。

3. 去中介、再中介与连接机制

在互联网时代，特别是在专业化平台集聚效应的发挥过程中，通过信息交互、平台分类、多人参与、自动匹配、重复交易，闲置资源可以转化为有效的社会资源，可以不排他地被使用而呈现一定的公共性。网络平台是共享经济的核心支撑，基于网络技术的优势，共享经济中的闲置资源在供方与需方高效地配置，实现"物尽其用"和"按需分配"的价值目标[80]。

平台是共享经济的核心载体，是连接供需双方的核心节点，是具有特定正向外部性和多归属的现实或虚拟组织。正向外部性使平台具有规模效应的正反馈机制，多归属则使服务需求方具有多重选择的机会，摆脱了传统中介机构点对点的链条模式[81]。平台的正反馈机制与平台的供求双方数量紧密相关，当供求双方数量达到一定规模后，信息收集、分类、交互将更加有效，供求的匹配将更为顺畅，并使成本收益可持续。本质上，在技术支撑、反馈机制及匹配交互的支撑下，平台又成为了一个具有新中介功能的主体，即再中介化过程。

共享平台从去中介到再中介的过程是一个双边平台到多边平台的演进过程。平台发挥闲置资源利用和提升资源配置效率的前提是供求双方可低成本接入平台体系，即平台接入的可得性要便利且低廉。在初始阶段，共享经济平台是共享标的提供方和使用者之间直接交易的中介机构，在业务运行机制上与传统中介机构并无实质性差异，形成的是双边市场平台。由于共享产品和服务的供求匹配还需要其他的相关机构参与，如第三方支付机构、银行、快递服务、广告机构等，因此最后就形成了一个多边市场平台[81]。共享经济中的平台基于开放性逐步成为多边平台，是在共享标的使用中连接产品与服务的供给者和消费者的新中介，并提供信息归集、供求匹配、交易结算及其他服务。这种多边市场平台具有外部性和显著的要素集聚和整合功能，在各方都遵守规则的情形下可以形成一个能够自我强化和优化的供求服务价值链。

4. 规模经济与边际成本递减

在共享经济运行中，大致可以分为营利性共享经济和非营利性共享经济。非营利性共享经济更多突出的是闲置资源的个性化再使用或再分配，注重的是与需求者之间的供求匹配体验，而不只是价格因素。非营利性共享经济对于供求双方的规模及连接机制的效率要求并不高。但是，营利性共享经济强调服务的个性化和多样化，从实际运作的角度上，其更加注重的是规模经济、标准化服务和高频快速匹配，对于规模效应要求很高。在成本方面，共享经济通过技术、流程、机制、组织等创新使交易成本逐步降低，并低于共享标的的再生产成本，使交易成为创造收益的途径。在所有权的交易过程中，一旦交易达成，交易成本就成为沉没成本。信息搜索、谈判、缔约、履约监督及违约处置等都构成了交易成本，在一些交易中甚至由于交易成本过高而无法进行。信息不对称被认为是交易成本增加的核心来源，它使供求双方的利益存在失衡，最后导致交易成本过高、交易不公平及资源配置低效等问题。以信息技术为支撑的网络社区对于资源使用、配置和管理的成本可能低于实体市场或行政体系下的交易成本[75]。

共享经济利用互联网技术构建一个服务平台，形成共享标的的集聚，规模效应日益凸显，共享经济服务的边际成本不断降低。共享经济由于市场组织模式的差异化使其在交易成本方面具有系统性优势，主要体现在信息成本和执行成本两个领域。在信息成本领域，由于其具有开放性，使信息管理、资源配置、报告制度等实现集约化和差异化。例如，管理层级只是信息管理的其中一个环节而非明确要求特定参与者进行特定的行动。在执行成本领域，共享经济依托非正式社会关系、平等性互惠机制等替代强制执行方式来降低执行成本[81]。互联网从技术角度实现了使用权分享的"超级效率市场"[82]。

共享经济所依托的要素相辅相成，共同构成共享经济的运行机制。共享经济的起点是多样化的需求依托应用技术形成相对独立的利基市场和需求池，而供给端也是依托新兴技术的应用使相关产品和服务的所有权和使用权可以有效分离，并逐步形成具有规模效应的供给池，在共享经济核心要件——信息脱域的支撑下，供给池和需求池通过新的连接机制（或共享经济多边平台）部分克服了信息不对称及信用机制约束，更好地实现了有效匹配，最后实现边际成本递减与规模经济，使共享经济成为一种成本收益可持续的业务形态，并整体提高了资源利用与资源配置的效率。近年来，共享经济的部分业务模式实现了可持续发展，基础的条件是产品或服务的使用权和所有权可以实现有效地分离，而核心的根源在于信息脱域。信息脱域具有以下三个重要的功能：一是使产品或服务的所有权与使用权可以在时间和空间维度实现一定程度的分离，为共享经济提供基础条件；二是使产品和服务的需求得以分类，同时建立需求使用者在一定程度上的信用约束机制；三是使共享经济的运行机制，特别是在多边平台的连接机制中较大程度地实现透明化，克服资源利用过程中的信息不对称，特别是逆向选择问题，这是新兴共享经济与传统生产及服务最核心的区别。

四、共享经济的业务模式

共享经济运作的模式与信息技术、大众消费及其他领域紧密结合，其业务模式多种多样，学界也没有形成统一的模式界定。在相对较早的研究中，共享经济主要包括租赁、借贷、交换、赠予和协同合作等形式，主流模式主要有以下三种：一是产品服务体系（Product Service System）；二是再分配市场（Redistribution Market）；三是协同生活范式（Collaborative Lifestyle）[27]。还有研究认为，共享经济的模式可以分为代码共享、内容共享、生活共享及资产共享等方式[28]。共享经济模式的划分可以根据目标导向来进行，分为市场导向和市场结构两个维度，可以将共享经济的商业网模式基本纳入其中，并将共享经济的模式分为商品再流通、耐用资产（Durable Asset）利用率提升、服务交换、生产性资产（Productive Asset）共享等四类[29]。商品再流通的进行主要得益于现代信息技术，其使交易成本极高的二手市场的流通约束得到了缓解。耐用资产利用率的提升主要是提高其利用的集约化水平。在很多耐用品的利用中，实际利用水平和设计利用能力存在长期的低效，如汽车、自行车等都是一个低效利用的耐用品。服务交换起源于银行特别是美国的社区银行，其基本原则是社区成员将被平等对待，这是共享经济标准化的基础。生产性资产共享主要是提升相关标的的生产服务能力，降低对此类资产的消耗水平，如共享办公室实际上对于空间的集约化运用极为有利。

五、共享经济的应用场景

场景是共享经济的现实依托，共享经济的应用场景是指共享产品和服务的生活化，目的是将共享业务融入供求双方，特别是需求方的生活场景之中，从扩大目标客户群和增加客户时间占用两个维度的方式来实现共享经济业务版图的扩张。场景化思维主要基于客户的立场和需求，注重客户在产品使用和消费过程中的环境、目的、习惯、行为及心理等的变化，致力于以客户为中心设置具有互动性、高黏性的体验，注重实现用户感知、跨界融合，以及社区网络的功能，建立以产品和服务应用场景为基础的生态体系[83]。

在移动互联网时代，场景的功能被不断强化，已经成为移动传播、业务挖掘、模式拓展及客户管理等的基础要件。移动互联网开创了场景服务的新时代，需要对场景进行有效感知与反馈，并对其相关信息进行有效匹配。在内容、形式、社交之后，场景成为了传播的第四大核心要素[84]。在特定场景之中，客户的行为会发生重大改变，从而影响供给与需求的匹配及相关的定价机制。场景争夺战的关键是找准客户生活的主场景，并以此作为核心应用的切入点。基于互联网的衍生服务体系，共享经济同样是以场景作为发展的根基。

移动互联网的兴起、互联网金融的发展，以及网络消费的繁荣使共享经济成为一个场景不断深化的服务体系。一是场景细化。共享经济"人人参与"的开放理念使海量客户容易形成集聚效应并实现内部自我分化，场景的设置类似于市场的细分，可以不断地细化，大部分人可以找到熟悉和适合自身的场景。同时，这些细分市场可以形成利基市场并发挥长尾效应与规模效应，甚至实现边际成本递减。二是场景在线化。消费行为的改变特别是网络消费的兴起，使消费场景与移动互联网、第三方支付等紧密关联在一起，场景设置更多以客户线上消费体验为突破口。场景在线化使供给与需求可以在第三方平台（如共享平台）形成集聚并利用信息技术实现快速匹配与连接。三是场景仍依托线下基础设施构建自我完善的循环体系。在线化的场景运用和实现很多依赖于线下的资源，如仓储、物流、配送、实体化数据中心、实体化办公场地、培训基地等。

虽然国内共享经济发展的时间不长，但是场景化的发展趋势极其显著。现在共享经济基本上覆盖了所有的生活领域，在国内最早突破的是金融领域，主要是第三方支付，现在迅速向空间共享、衣食住行、医疗、公共服务、知识共享等领域拓展，基本实现了生活场景的全覆盖。2016 年国内共享经济场景应用中，交通出行、互联网金融、生活服务、知识技能、医疗分享、房屋住宿、生产服务等分列场景应用的前 7 位。共享经济中的知识技能、房屋住宿、医疗分享、互联网金融、交通出行和生活服务等场景应用的交易额增长都超过了 100%，其中知识技能分享项目交易额同比增长 205%，达 610 亿元；互联网金融场景应用的市场规模增长 109%，交易规模高达 2.08 万亿元[85]。

在具体的业务模式下，国内与国外的共享经济没有本质区别，与各种模式相关的业务场景也没有实质差异。主要具有以下四种业务模式：一是基于共享平台的商品再分配，其本质是一个租借和二手交易市场。这是共享经济的初期模式，但目前仍然是主流模式之一。国外的共享经济出现部分的暂时租赁模式[86]，例如，共享汽车和共享单车都是典型的租赁模式。二是较高价值的有形产品服务共享模式。其是以汽车、公寓、办公场地、奢侈品等暂时转让使用权为支撑的业务模式。这是共享经济最为典型且主流的模式。三是非有形资源的协作式分享。在金融、知识、技术、家政、医疗、园艺、维修等非有形资源方面，资源拥有者通过暂时出让这些资源与资源需求者形成共享、协作模式，并发生一定的费用往来。这是共享经济演化后的重要模式，具有共享理念，但运作机制和要素与传统共享经济模式有所差异。四是基于社交网络系统的开放协作共享模式。其是以网络社区作为基础设施，利用移动互联技术跨越时间和空间限制的特性，实现资源共享的运行机制。例如，网络游戏中的共同"作战"，以及网络中的"合作任务"等都具有开放协作的特征。

但是，国内外共享经济的发展也存在较大的差异，主要体现在以下几方面：一是在基础设施上，国外核心的基础设施是新兴技术及其载体，如移动终端，但是，国内除此之外，更加重要的基础设施是第三方支付体系。2016 年，中国移动支付交易规模为 157.6 万亿元 [87]，其中第三方移动支付为 58.8 万亿元 [88]，同期美国移动支付交易规模约为 1 020 亿美元（约6 732 亿元）[89]。二是在具体业务模式和场景的进一步细分中，国外更加注重生活服务类共享经济，国内则更加注重金融服务类共享经济。金融服务类共享经济在国外是一种重要模式，但从规模上讲，相对国内共享金融服务规模而言仍然非常小。2016 年，美国网络借贷 P2P 交易规模为 246.5亿美元（约 1 627 亿元）[90]，同期中国 P2P 交易规模达到了 2.06 万亿元 [91]。三是在业务发展方式上，国外共享经济注重线上模式，国内更加注重线上线下融合（O2O）模式。国内共享经济一定程度上成为了新兴共享经济与传统业务模式的结合体，部分业务正在偏离共享经济的特质甚至异化。四是在监管上，国外共享经济仍遵循审慎监管的逻辑，部分经济体实施了针对性的监管措施，其至少适用于一般监管框架，但是，国内共享经济的监管偏弱，部分业务处于无监管或弱监管态势，甚至部分共享经济运作主体存在监管规避的动机。

第四节　智能制造

　　智能制造，又称云制造、智慧工厂，是在信息技术与先进制造技术深度融合的基础上，将制造资源与传感器、计算机平台、通信技术、控制仿真和预测工程等有机集成的新型生产模式，而且由于信息技术与先进制造技术的全程贯穿，整个制造过程还具备了自动学习、自动感知、自动决策、自动执行的特点 [92-96]。根据美国国家标准与技术研究院的说法，智能制造是一个智能化集成协作的系统。企业借助智能制造可以更加系统、全面地进行生产协同，从而实时地满足工厂不断变化的生产需求。在智能制造系统中，制造执行系统凭借智慧化的生产流程，可以自动地从设备传感器获取数据，实时地为企业资源计划提供生产系统的有关信息，从而使企业管理者可以在全面、精准地掌握生产系统状态的基础上进行科学决策，实现生产系统的高效集成协作。

智能制造系统在制造业领域得到广泛应用，制造业成为推动智能制造发展的重要根据地。在智能制造背景下，制造业企业利用大数据分析技术能够更加精准地洞察客户需求和获取原材料供应，为商业领袖提供决策支持，通过合理配置计算机辅助制造/计算机辅助设计（CAM/CAD）、分布式数控系统、柔性制造系统等智能制造技术能够优化产品研发设计的过程，重构生产制造流程，从而实现柔性制造[97]。在智能制造与商业模式的研究中，学者大多从技术视角展开，Kiel 等指出工业物联网对制造业企业价值主张、内部基础设施管理和客户关系产生影响，特别是通过客户生产系统内的生产和流程优化推进商业模式的创新[98]。基于智能制造的商业模式将有助于整合客户、供应商等关键资源为企业打造共创价值[99]。

在我国，制造行业逐渐趋于稳定发展的同时，智能制造业成为驱动我国制造行业前进的主要动力之一。我国智能制造行业的规模也在逐年扩大。在 2018 年 10 月 12 日召开的世界智能制造大会上，我国正式发布《国家智能制造标准体系建设指南（2018 年版）》[100]，这对我国智能制造产业具有极大的推动作用。

第五节　开放式创新理论

一、开放式创新

持续的全球化和技术强度的指数级增长增强了开放式创新的重要性和必要性，开放式创新被确认为联合国 2030 年可持续发展目标[101-103]。在全球化的影响下，制造业开始新一轮更加深入的投资开放进程，以提高制造业企业的生产率并更好地满足客户需求[104]。因此，开放式创新发展的重要性以及对公司如何利用外部智力资本的认识引起了全球许多公司、风险投资者和政府的关注，他们随后提供了额外的融资机会[105]。从战略角度看，现有的开放式投资的扩张使公司能够重新思考创新产生的方式，充分融入开放式时代[106]。

多年来，开放式创新的范式得到不断发展，行业从业者和学者从不同角度对这一主题进行了广泛研究。技术发展和持续的数字经济背景下的技术变革改变了制造业，制造业开始调整其商业模式。例如，宝洁公司采用了开放式创新方法，在新产品开发中融入了公司外部的创新支持资源[107]。美国航空航天局的管理人员在预算被削减的背景下制定了一项新战略，重点关注与其他机构的协同合作。他们通过创新开发比赛和众筹来获取开放式创新的实践成果，开发了更具创新和适应性更强的新型商业模式[108]。

自 Chesbrough 提出开创性工作以来，学界对开放式创新的研究快速增长[109]。Chesbrough 认为"有价值的想法可以来自公司内部或外部，也可以从公司内部或外部进入市场"。2014 年，Chesbrough 和 Bogers 对开放式创新的初始概念进行了扩展，提供了新的定义："开放式创新是一种基于跨组织边界的有目的管理知识流的分布式创新过程，开放式创新使用符合组织商业模式的经济与非经济的机制"[101]。

在理论和实践中有必要进一步探索开放式创新的观点。Gassmann 通过组织研究领域的差距分析，强调专利和知识产权的重要性，为开放式创新的理论发展做出了贡献[110]。Bogers 为开放式创新的研究建立了一个层次性综合分析框架，从微观、中观和宏观层面分析拓展了研究视角，为开放式创新范式的发展做出了新贡献[111]。

开放式创新流程通过搜索、适应和采用外部知识来支持公司的创新活动[112]。企业开放式流程的分布式特点是将外部参与者包括在创新活动中，如供应商、客户、行业专家和顾问。在这些背景下，外部参与者是宝贵的知识资源，企业可以利用这些资源来补充内部创新活动[113]。

新产品开发是一个典型的开放式创新活动，是一个有助于寻求和应用外部知识的组织过程，对企业层面的创新适应性和产品更新至关重要。新产品开发过程中寻求的外部知识可分为市场知识或技术知识[114]。市场知识是指客户表达的和潜在的需求，企业可以通过密切协调内部研发、新产品开发活动和市场需求来更好地利用这些需求[115]。技术知识是影响产品特性、可行性和应用的供应组件、材料或产品的知识[116]。新产品开发过程吸收了市场和技术知识，因为市场环境确定了新产品开发的方向，而技术知识支持实际的开发过程[117]。

二、开放式创新促进企业对环境的感知

现有的开放式创新研究确定了可能影响企业感知能力的企业层面机制。当企业参与开放式创新过程时，信息搜索与环境感知活动使企业能够利用来自外部的知识和想法[116]。搜索活动可以为企业提供关于客户需求和偏好的知识[116]及技术进步[118]。随着时间的推移，企业可能会对环境变化产生敏锐的认识，从而能够更好地感知新的机会和威胁[119]。为了充分利用技术知识，企业必须具备促进知识转移的能力[120]。该能力可能受到组织结构、企业文化或技术因素的影响[121]。企业也需进一步增强寻求和整合外部知识的能力[122]。此外，能够获得更多外部知识源的公司可以提高创新绩效[123]，并帮助开发新的商业模式[124]。因此，与开放式创新流程相关的外来知识流入可能会缩小企业与外部知识源的差异程度，从而使企业更好地感知新的机会。

开放式创新的微观基础研究可大致分为个人层面和项目层面。个人层面研究表明，个人可能对公司的感知能力产生影响。当外部资源对个人开放时，他们会接触到各种外部知识，并可能对外部信息更加敏感[125]。因此，企业中的个人更容易意识到环境的变化，能够更好地发现企业可以利用的新机会，开发新的资源。项目层面的研究考察了知识搜索与项目成功之间的联系，并根据开放式创新项目的类型确定企业可以采用的不同搜索机制[126]。可见，开放式创新的微观基础研究揭示了各种有助于提升企业层面感知能力的内生机制。

三、开放式创新对获取市场机会的影响

提升企业把握市场机遇的能力是开放式创新的另一项基本职能。一旦企业发现了新的市场机会，就可以通过利用知识资源支持新产品创新，为资源的获取和能力的创造做出更多贡献。利用外部知识资源补充其创新活动的企业具有更高水平的创新绩效。这些企业还必须开发将外部知识资源

与其内部组织过程相结合的能力。当企业为应对新的机遇而调动资源时，需要将内生因素纳入促进资源和能力创造的过程中。

在新产品开发期间，企业可能会求助于开放式创新来开发外部知识资源，以支持资源和能力的创造。一旦确定了技术机会，参与新产品开发过程的个人将通过先前的学习、经验和社交网络来开发新知识[127]。企业在新产品开发期间应该充分利用开放式创新来支持新资源和能力的开发。

第六节　生态系统理论

一、生态系统结构观

生态学是探索个体与环境之间联系的科学，1970 年以后被引入经济管理研究与实践领域。生态系统相关概念也被引入经济管理领域，衍生出组织生态系统、商业生态系统、创新生态系统等交叉研究领域。20 世纪 90 年代，美国管理学家 Moore 将生态学观点和竞争战略理论相结合构建"企业生态系统"[128, 129]。Moore 所描绘的"企业生态系统"是一个汇集了消费者、供货商、制造方、投资者、商业伙伴、政府部门与其他利益关联方组成的动态系统[130]，这给予"创新生态系统"研究很大的启示与借鉴。之后，经济管理生态系统领域的探索大多以 Moore 的成果为基础[131]。

Adner 将生态系统定义为需要互动的多边合作伙伴的组合结构，以实现主要价值主张[132]。这些互动基于多边相互依存关系，不能简单分解为多重二元关系[133]。多边依存和共生关系不能看作是多重二元关系的简单叠加。与交易成本经济学、价值链、战略联盟网络等其他理论中的经济关系相比，这种共生关系使生态系统成为一种新的经济关系结构[134]。与以上观点类似，Jacobides 等将生态系统定义为一组参与者，这些参与者具有不同程度的多边、非通用互补性，且不完全受层级控制[135]。

Adner 和 Jacobides 的两类研究都试图狭义地定义生态系统。Jacobides 认为并非所有类型的互补性创新活动都需要多边相互依存关系进行协调。

企业可以通过市场交易获得通用互补性创新活动的支持，而不是诉诸生态系统。如果通用互补性存在于消费端或生产端，则生态系统无法运行。换言之，根据生态系统的定义，只处理消费和生产方面的互补性都是其非通用性的情况。Jacobides 等同意并强化了 Adner 的观点，即在价值创造不需要重新调整多边合作伙伴的情况下，生态系统未必有存在的必要。

　　Adner 和 Jacobides 等一贯强调，多边相互依存关系存在于一系列创新主体的层面。一组连接角色的关系应该作为一个整体进行分析或设计，合作伙伴或参与者在生态系统中根据其扮演的角色或执行的活动进行分组。Adner 将参与者视为开展活动的实体，并将生态系统视为"由价值主张定义的活动配置"。Jacobides 等认为："生态系统的独特之处在于，每个角色之间的相互依赖往往是标准化的。"生态系统的模块化系统和活动系统都是分工系统[136]。Thomas 和 Autio 将"模块化生态系统"作为 Adner 和 Jacobides 等研究工作的一个概括[137]。Adner 和 Jacobides 从结构角度阐述了现代生态系统的方法，将生态系统视为多边相互依存的结构。

　　目前，生态系统结构观存在一些未解决的问题。结构视角澄清了生态系统的几个理论问题，如为什么生态系统是独特的，以及生态系统何时会出现。然而，结构学派没有很好地解释生态系统运行的内在逻辑。Adner 将生态系统战略定义为焦点公司实现合作伙伴联盟并确保其在生态系统竞争中地位的方式。Adner 在生态系统的定义中给予价值主张极其重要的地位，但价值主张概念没有出现在生态系统战略的定义中。可以得出这样一种推论，即 Adner 理论中的价值主张是先验的，因此价值主张的调整不应纳入生态系统战略范畴。同样，在解释战略联盟的生态系统动力学机制时，Adner 考虑了参与者在生态系统地位和生态系统结构方面与期望水平间的差距，而忽略了参与者在价值主张方面与期望水平之间的差距。

　　随着时间的推移，价值主张会随着创新路径的优化而变化[138]。Jacobides 等避免假设价值主张是先验的，但认为互补性的可见性是理所当然的。Jacobides 等的问题可以通过 Deken 等的论点来概括，即"与其将资源互补性视为解释合作启动的战略条件，不如将其视为需要进一步检查的条件"[139]。Jacobides 认为生态系统的建立是基于"协调非通用互补性"的需求。Ennen 和 Richter 认为互补性理论必须认真考虑语境，因为互补性在嵌入一个涉及多个元素的整体系统时可能会变得完全有效[140]。部分研究验证了考虑互补性的时空背景的必要性[139, 141]。尽管 Jacobides 等大量借鉴了 Teece 的共同专业化概念，但他们并未充分考虑共同专业化资产的动态编排，这不仅意味着共同专业化资产是一致的，而且还强调了识别新的共同专业化资产的必要性。Jacobides 等未解决的另一个问题是互补性异质性。他们对基于标准的协调和超模块性的强调与已建立的平台理论是一致的，他们的工作从平台文献中继承下来的一个弱点是"很少关注补充者属性如何影响他们支持特定平台的动机"[142]。

二、生态系统演化观

Moore 将生态系统定义为一个由相互作用的"组织和个人（商业世界的生物基础）"支撑的经济共同体。商业生态系统研究聚焦于协同进化概念[143-144]。生态系统概念仅用在对某一系统的描述上，很少基于系统性见解对系统运行机制进行深入分析。生态系统研究者很少重点关注 Moore 提出的协同进化分析框架。Moore 将协同进化与生态系统联系起来，作为协调生产的一种手段。层次结构有助于控制生产商品的活动。生态系统有助于协调商品创新和商品生产的活动，也有助于复杂市场网络的协同进化。在市场中，理想的做法是完全透明的商品和服务交易。众多商业主体之间实现创新的完美协同进化是商业生态系统的理想状态。

促进种群之间协同进化是生态系统的一项基本功能。Moore 和 Teece 提出了协同进化的标准理解，通过协同进化过程，两个组织之间的互补性得到加强。协同进化的基础应该被理解为一个机会空间，这个机会空间是"相对无界的、开放的、存在未被探索的区域"。一个生态系统同时受到宏观层面相对稳定机构的下行力和微观层面互动行动者之间出现的上行力的影响[145-146]。协同进化动态不仅可以发生在生态系统内部[147-148]，也存在于生态系统及其外部环境之间[137]。

在组织研究中，Lewin 和 Volberda 辨析了组织内部的微观协同进化和组织与其环境之间的宏观协同进化，将多层次性特征作为协同进化的核心属性[149]。微观协同进化理论认为，系统内的主体协同进化能创造更高层次的系统结构，成为主体后续行为的选择环境[150]。这一过程强调正反馈和非线性机制的作用，即小的扰动事件可以在系统层面造成广泛后果。根据耗散结构模型[151]，系统的宏观协同进化发生在系统与其环境之间的资源交换过程中，保持了系统的活力，塑造了系统环境。在生态系统实证研究中，微观方法和宏观方法实证均被证明是有效的[152-153]。

从宏观协同进化的角度来看，生态系统与环境进行不间断的物质、知识与信息交换，以实现持续创新。为了应对不断涌现的机会和威胁，生态系统是动态开放的，进一步增加了生态系统中不同种群之间的相互依赖性、活力和不稳定性[154]。现有的商业生态系统研究可以帮助我们更好地理解单一创新的动力、单一业务的持续创新或公司业务的持续创新。

协同进化本质上是以不断创新为导向的。正如 Moore 所指出的"企业围绕一项新创新协同发展能力，最终将纳入下一轮的创新活动"。后来，Moore 更深入地探讨了这一问题，他认为一家公司对抗持续竞争和商品化的唯一途径是成为一名持续的创新者，协同进化的生态系统包括市场和企业的组合、新的和现有的市场，以及新的和现有的企业。

协同进化观点假设生态系统的基本任务是促进持续创新，将生态系统视为一个复杂的适应系统，其功能是抵御外部冲击和利用外部机会。在缺乏外部环境明确作用的情况下，Adner 将给定价值主张作为内生生态系统的边界，实际上是将生态系统概念界定为半封闭系统。Jacobides 等倾向于将生态系统视为特定类型的行业架构，这意味着相关创新将受到行业类别的限制。

生态系统的协同进化观点存在一些尚未解决的问题，其从空间和时间两方面出发给出了生态系统的整体观点。然而，生态系统协同进化研究很少解释从属关系的形式及其动态变化。生态系统作为从属关系的研究通常认为从属关系是一成不变的，或者通过关注焦点参与者的网络位置、联系数量和中心性来抽象地看待从属关系。这种相对固化的认知阻碍了协同进化观点在以下三个方面的发展。

第一，协同进化观点可能会受到价值创造和价值获取之间不平衡发展的影响。企业可以从创新活动中获利对于发展协同进化观点至关重要，企业如果没有可持续的资金收益和融资，持续创新是不可能实现的。在某些特殊情况下，基于生态系统协同进化的创业性质、创新工作可能忽视价值捕获机制。数字录像机的先驱 TiVo 就是一个有趣的例子。TiVo 公司被认为是通过与美国电视产业的协同发展来组织价值创造生态系统的成功案例。但这种观点无法解释 TiVo 在盈利方面的困难。对企业而言，盈利困难是难以承受的[155]。

第二，很难对创新引领者或生态系统资源编排机制提出具体分析。资源编排被定义为有目的地对创新主体的行动网络施加影响[156]。当需要协调的资源位于企业边界之内时，企业完全控制资源，资源编排在很大程度上是一个选择问题[157]。然而，当需要协调的资源位于企业边界之外时，开展资源协调活动的前提是协调者能够接触到这些资源并对其施加适当的影响。从属关系[158]成为进行各种资源配置过程的关键因素[159-160]。只有正确理解生态系统中的从属关系，才能理解生态系统协同演化如何以理想的方式进行。

第三，对生态系统关联性的理解不足可能会妨碍处理创新困境问题，即生态系统产出的创新性可能会因关联性或中心性的增加而降低[161-164]。在共享平台蓬勃发展的背景下，学者们研究了如何平衡生态系统稳定性和生态系统进化性之间的机制[165-166]。平台生态系统的附属结构已经具体化。对于一般的生态系统，从共同进化的角度来看，像平台研究那样预先将从属关系具体化可能会有内在的困难。然而，事后这样做仍然是具有价值的，因为在持续创新的纵向过程中，上一阶段形成的创新关联关系可能会影响下一阶段关联关系的形成。

三、生态系统结构观与演化观的互补与交叉强化

目前的生态系统研究文献主要分为结构观点与协同演化观点两大类，从属关系是一个包含在这两种观点中的概念。Jacobides 等强调了结构视角中从属关系的重要性。从属关系也与协同演化观点相关，因为它允许重点企业指导共同进化。为了说明这一论点，下面以平台经济为例进行说明。

平台经济是复杂的系统[167]，平台文献的激增充分说明学者们对平台经济的关注度在不断上升[168-170]。大部分平台经济文献支持结构主义观点[172-175]。平台通常都支持多边杠杆结构，在假设这种结构相对稳定的情况下，学者们对生态系统动力机制进行了探讨。Gawer 介绍了一种没有预先定义结构、基于代理的平台定义。支持开放式价值创造[176]的平台、数字创新平台研究均引用了这一平台定义。由于数字技术的分层模块化[171]，协同专业化通常不会与数字创新同时发生。为了建立创新联系，创新参与者将这些平台与其他数字资源结合起来供自己使用[177]。

因此，与简单地将平台文献从结构阵营中排除或仅仅强调基于共同专业化的从属关系不同，结构与协同演化框架允许对共享平台进行更具包容性的研究。这种包容性反过来又使生态系统研究能够从不同的角度得到支持。因此，结构与协同演化的框架更具建设性，包容了各种生态系统概念的细微差别。

四、持续创新的综合生态系统框架

协同进化观点将注意力放在从属关系的动态性上，这种动态性在理想情况下可以支持创新生态系统的协同进化，以实现持续创新。多层次从属关系是两个研究视角共享的概念，从属关系动态性在两种视角之间创建了一座桥梁，通过这座桥梁，可以实现两种理论之间的互动交叉。

1. 价值主张

Moore 将价值主张描述为"焦点企业邀请外部人员开拓新市场"，揭示了潜在参与者之间的沟通、学习和谈判过程。Moore 将发现价值主张

的过程称为一场产生公共物品以维持生态系统动力的社会运动。Frow 和 Payne 提供了一个价值主张创建五步迭代框架的参考模型[178]。它循环地从确定参与者开始，以共同创建价值主张结束，整个过程涉及确定核心价值观、促进对话和确定共同创造价值的机会。

生态系统协同演化研究揭示了发现价值主张的两个前提。一方面，价值主张的发现可以由生态系统参与者的微观方面决定。例如，价值主张发现过程受生态系统参与者谨慎行为影响[179]。另一方面，价值主张发现过程受到宏观环境影响。例如，TiVo 必须重组其创新管理系统，否则无法建立其预期的破坏性创新生态系统。这些例子表明，以价值主张为起点的结构主义生态系统模型可以通过吸收协同演化中的观点来丰富结构主义生态系统理论。

2. 互补性协同

生态系统配置过程可以被视为通过影响其他关键参与者的信念、目标和行为来塑造网络的发展[180]。Teece 强调，协同的目的不仅在于保持共享专业化资产的价值创造一致性，还在于识别新的共享专业化资产，剥离或淘汰旧的共享专业化资产。有鉴于此，协同进化观点可以通过强调互补性不是简单地出现，而是来自嵌入在多层次环境中的资源来补充结构主义生态系统观点，而这种互补性关系只能通过焦点企业的主动资源协调来实施、塑造和建立。

在这个过程中，根据系统配置中涉及的资源嵌入的位置，微观协同进化和宏观协同进化都可以发挥作用。当协调的资源来自焦点公司的现有社会网络或已建立的生态系统时，涉及微观协同进化。因为其所需的互补性并不总是已知的，微观环境对于探索现有和新兴资源的互补利用非常重要。然而，人们不能期望现有生态系统行动者始终支持采取互补性行为。生态系统与其更广泛环境，如行业和竞争之间的宏观协同进化也可以发挥作用。有时，环境条件可能会阻止所需互补性的形成。在这种情况下，协同进化观点的优势在于它考虑了外部环境。

3. 持续创新

允许焦点公司对参与者施加影响的联系对于实现协同非常重要。从属关系是一种基于智能权力的结构[181]，权力应该用相互依存的结构来考察。结构视角描述从属关系的能力使其有助于协同演化视角理论的发展。生态系统的可进化性（持续创新的能力）可能会受到生态系统架构的影响，该架构以企业间影响的多样性和密度为特征。生态系统的可进化性通过影响多样性（即生态系统参与者的多样性或隶属范围）得到增强，但受影响密度（即自主性或隶属强度的反向指标）的限制。

生态系统的可进化性和结构性特征是相互塑造的。而 t 时刻建立的生态系统架构可能会影响 $t+1$ 时刻产生的创新，$t+1$ 时刻的创新结构会影响 $t+2$ 时刻的生态系统架构。对从属关系范围的影响涉及宏观协同进化，这使生态系统能够从外部空间吸引新的参与者加入创新活动。相比之下，对从属关系强度的影响需要微观协同进化来调整现有参与者之间的关系。如果不能通过生态系统中的异质相互依赖性来区分行动者，则不可能具体说明这些动态。为了理解生态系统的可进化性，从结构的角度深入研究每一项创新活动是很有必要的。

为了充分了解企业的持续创新，创新生态系统研究应该通过综合性的方法进行。结构视角解释了创新生态系统的动力机制，协同进化视角引导观察者思考这些动力机制是如何触发的，以及它们如何为下一轮创新做出贡献。

第七节　共享理论

一、共享经济平台模式

在线平台推动的共享经济逐渐改变了客户的消费行为，共享经济改造了从购买新产品和服务到共享和再利用的全过程[182]。虽然共享经济平台（Sharing Economy Platform, SEP）的持续发展有利于建设可持续发展的社会，但共享经济平台的经济利润和社会效益之间存在冲突[183]。成功实施企业社会责任可以提高服务提供商的声誉、消费者对企业的认同度和可持续性感知价值[184]。数字平台需要履行相关社会义务，通过重新设计价值创造和价值分配机制，选择与商业模式相匹配的企业社会责任战略[185]。

共享经济可以增加就业，培育更具可持续性的商业和消费模式[186]，促进绿色经济发展[187]。欧盟开始全面评估共享经济带来的法律、社会、经济和环境影响[188]。共享经济最初被描述为一种更具可持续性和更加符合公众道德要求的社会运动，在很大程度上促进了新形式的市场或非市场交换的发展[189]。共享经济在服务企业履行社会责任方面具有巨大潜力。企业社会责任已从管理层特有的慈善活动转变为利益相关者和管理层衡量公司战略业务绩效的一项常见而有价值的活动[190]；企业经常被要求为不同的利益相关者创造共同价值。感知的经济效益可以通过 SEP 促进可持续消费[191]。这为创造共享价值（Creating Shared Value，CSV）概念提供了一个可行的实践方案[192]。

CSV 为提高公司竞争力提供行动政策和运营实践，同时改善其运营所在社区的经济和社会条件[192]。在某种程度上，CSV 视角与 SEP 视角的性质是一致的，即其价值取决于周围的网络或社区[193]。由于平台参与者的社会支持，SEP 能够生存并实现价值创造活动。关于共享经济的现有研究揭示了一些类似 CSV 的证据，尽管没有系统地探讨共享经济背景下的CSV。Crane 阐述了 CSV 的三种方式[194]：其一，企业在为消费者服务时通过识别社会问题来重新认识产品和市场；其二，企业重新定义供应链生产力，同时加强供应链成员的社会、环境和经济能力；其三，企业在与供应商和地方机构合作的同时促进地方集群的发展。CSV 概念利用公司的资源和专业知识，通过创造社会价值来创造经济价值。

SEP 的 3 个成长阶段如下。

（1）社区阶段：在 SEP 的早期发展阶段，价值创造至关重要。例如，Airbnb 通过鼓励用户参与在线社区并与其互动促进其价值创造活动[195]。这是此类平台成长的社区阶段。

（2）扩大阶段：在该阶段，SEP 需要吸引更多的用户，并扩大其平台网络基础。

（3）合法化阶段：SEP 还需要实现其合法性，以维持与各个社区的长期关系。一些对社会不负责任的做法正在挑战 SEP 的合法性[196]。SEP 的合法化阶段类似于传统企业发展过程中的稳定阶段。

二、价值共享

1. 共享

从进化的角度来看，社交媒体首先支持代码共享，然后进行内容共享，现在它扩展到服务和资产共享。共享经济也可以被描述为接入经济[197]，其通过多边市场平台以相对较低的交易成本分离使用权和产权，增强了协作消费的意愿。共享经济还揭示了从"适应性共享"（基于现有闲置资源的主要共享模式）到"天生共享"（基于初始资源分配的更高效、更少不确定性的共享模式）的趋势变化[198]。从消费者的角度来看，社会支持可以影响 SEP 的道德观念，并决定共同创造的价值。因此，任何 SEP 都不会在真空中运行，而是存在于各种利益相关者可能影响共同创造活动的生态系统中，而社会条件（即机构法规、政府政策）可能会限制产品或服务的创新。此外，称为"集体影响"的社会运动在很大程度上决定了企业在社会部门的合作，这也鼓励其生态系统中的各种行为者（如公司、政府、社区成员）根据社会发展需要进行业务调整。"集体影响"不仅可以刺激公司的社会进步，还可以带来更多的经济机会[199]。CSV 由 5 个相互加强的要素组成：引入社会目的、严格定义社会需求、衡量社会和商业价值、创建最佳创新结构，以及与外部利益相关者共同创造[200]。

组织制度主义理论认为，企业积极干预社会政治活动领域，并通过有意识地构建意识形态、参与社会运动和构建新的文化身份来解决社会问题[201]。市场必然受到制度性法规的限制，政治或社会改革的任务是通过市场的制度性监管来稳定社会组织[202]。在这种情况下，企业不仅要改变制度条件，还要改变文化价值观的逻辑，即制度工作[203]。嵌入性视角表明，企业的战略行为被视为领导层改变制度逻辑、通过打造新的合法化方式实现社会变革的机会。考虑到 SEP 的 3 个不同阶段，其可能会经历社会伦理的嵌入或剥离。在无处不在的数字互联环境下，共享经济的重要性一直备受关注，"共享"被概念化为数字网络中建立信任和协调的一种新形式。为了使嵌入的经济行为易于理解，必须首先处理价值、竞争和合作三者之间的协调问题。

2. 价值

"共享经济"一词被视为一种新兴的文化，人们可以通过在线平台与他人共享他们的财产[204]。许多共享经济的理论模型表明，共享机制可以以较低的成本增加获得高价值资产的机会，从而提高经济效率和社会福利[205-206]。此外，价值观的标准设定是不同机构的执行者之间为达成共识而协商的社会、文化和政治过程，称为通约认知过程。Prahalad 和 Ramaswamy 认为，价值共同创造意味着各方共同参与生产有价值成果的过程[207]。简而言之，估价过程具有社会性质。同样，Moore 称之为"福音派、有远见的领导"的战略举措也记录在商业生态系统文献中[208]。Rong 等发现价格不是数字平台用户黏性的一个重要影响因素，但作为不可分割的、可利用资源的价值是至关重要的。在共享经济的背景下，如果有一个社会技术系统来分类和匹配供给与需求，则为其他人提供某种效用的共享资源的价值可能会大幅增加。如果没有一个社区，这样的社会技术系统（如评级、排名、搜索标记、反馈）就不会生效，在这个社区中，主要用户可以分享对社会和经济价值的共同理解，并确保有社会线索来激励用户参与分享实践[209]。市场必须在社会和文化上具有可行性，因为商品的主观估价可以确保稳定市场的出现。在某种程度上，SEP 的愿景（即在社会中具有价值）可能取决于其经济活动是否与其 CSV 保持一致，并将道德和文化嵌入 SEP 行为中。

3. 竞争

Beckert 发现，当嵌入性在非经济、社会和政治环境中被发现时，市场就会出现。嵌入性理论相关文献表明，市场从来不是一个价格中介竞争的乌托邦，而是一个进入壁垒、生产规范甚至定价策略由现有机构控制的地方。进入壁垒、生产规范和劳资关系的变化取决于现任机构参与者之间复杂的政治谈判。应对竞争公司战略的显著例子包括：其平台通过嵌入规范和规则来管理价值共创社区而获得竞争优势，并通过平台基础设施拒绝潜在竞争对手的访问。因此，利基价值创造成为可能，而不仅仅是因为它垄断了任何资源。在微软和网景之间的竞争中，微软创建了 Internet Explorer，并使用自己的现有平台（Windows 操作系统）来吸引相对受控的价值共同创造者群体，从而获得了比网景更大的竞争优势。同样，为了与诺基亚竞争，苹果创建了 iOS 平台，并邀请潜在的开发者开发更多基于 iOS 的应用程序。通过管理价值共同创造者的受控社区来应对竞争，并通过平台基础设施拒绝潜在竞争对手的访问，SEP 更有能力创造竞争价值，并通过发展包含道德和文化的社会运动为其在线社区做出贡献，并将其结合起来，以获得实际和经济优势。

4. 合作

嵌入性理论认为，与其他利益相关者发展定期互惠关系不仅在经济上是合理的，而且在社会文化上也是合理的。行动者融入社区关系的事实会带来有利的条件，尤其是人际信任、社会声誉、利他主义、同理心和友谊，以及风险感知的共同解释方案，有利于合作行动。例如，可能以文化、农村社区或其他形式的社区生活为基础的合作行动模式已制度化，使之成为法律，并在通过非正式合作活动分享技术诀窍和人力资源的情况下实现了利益，包括当地的社会网络、由斯坦福大学和类似的机构联系，以及通过技术创业的同质性本土文化和非正式的社会化[210]。同样，获得机构资源对于 SEP 使其共享做法合法化至关重要。通过生态系统视角，SEP 应通过与其生态系统利益相关者的合作，为解决合作问题做出更多努力。

第八节　文献述评

综上所述，目前国内外学术界对创新生态系统的研究具有以下显著特点。

（1）目前，对创新生态系统的概念尚未形成共识，缺乏对创新生态系统的运行机理和治理路径的研究。创新生态系统没有形成独立、完整的理论架构，尤其是具有中国特色的创新生态系统理论架构。对于这样一类概念模糊、边界不明的问题适合用一种规范的定性分析方法进行研究。考虑我国社会的实际情况，对创新生态系统的概念进行梳理并厘清其运行机理是本书的主要研究目的之一。

（2）从研究对象看，对宏观层次和微观层次创新生态系统，即对国家、企业（产业）创新生态系统的研究较多，而对中观层次的城市和区域创新生态系统的研究则明显不足。

（3）从研究的具体内容看，目前的研究主要包括创新生态系统的结构、要素、典型特征、功能、作用、绩效（健康度和适宜度）评价、风险管理等多个方面，而对创新生态系统演化的动力机制和治理能力的研究则略显不足，特别是对创新生态系统中企业内部治理能力的研究成果比较少。因此，从演化的视角来看，研究创新生态系统中企业的内部管理创新行为，无疑是创新生态系统研究的一个崭新议题。

（4）对创新生态系统的研究——"生态学"分量不足，尤其缺乏对数量生态学、种群动力学、演化经济学方法的综合应用。

目前，国内外学术界对共享经济的研究具有以下显著特点。

（1）目前，国内外学者对共享经济的研究主要关注的是共享经济的商业模式。作为一种商业模式，共享经济模式的内在作用机制，或者说该模式的价值共创机制，是学者研究的立足点。学者首先关注的是作为一种商业模式存在的共享经济。

（2）共享经济在其运行过程当中出现了许多附带的社会问题，如法律法规适应性、运营模式合规性、人力资源管理等。这些涌现的社会与法律问题，也是学者们研究的热点。

（3）随着各种新经济模式的涌现，与共享经济相关的一些新经济与商业模式、创新模式也随之而来，如平台经济、零工经济等。但是，学者们对共享经济及其相关的新经济模式的研究，始终没有离开价值共创这一研究的立足点。人们更多的是关注在共享经济模式下，共享经济中的多方主体之间的互动机制，以及在共享过程当中是如何进行价值创造和价值分配的。

（4）最近几年共享经济模式所出现的负面问题，导致人们对共享经济的研究没有向更深层次展开。例如，共享经济模式是如何影响创新的；共享平台是否可以作为一个创新平台对创新的机制进行影响；同时，共享经济模式是否可以影响到生态系统中不同创新种群之间的相互作用，进而影响到创新生态系统的结构和创新生态系统的演化。

目前，国内外学术界对智能制造的研究具有以下显著特点。

（1）对智能制造的研究发端于技术与科技创新层面的进展。科学技术的进步使智能制造成为一种可行的生产方法与运营支撑方式。

（2）经济学领域的学者开始广泛关注智能制造及其对经济发展带来的影响。

（3）管理学研究与实践领域的学者们也开始关注智能制造及其可能带来的影响。

（4）经济与管理领域的智能制造研究还停留在比较初级的阶段。企业内部、企业之间、企业和外部环境之间的互动机制研究有待展开。

第九节　研究问题的提出

（1）共享经济模式是否会影响企业的创新生态系统。新经济模式本身就是一种创新实践，其与技术创新和管理创新有着千丝万缕的联系。但是，目前对这种互动机制的了解还处在初始阶段。本书研究试图建立一种新的分析框架来探讨共享经济模式对企业的创新影响机制。

（2）共享经济模式如何影响企业的创新生态系统。创新生态系统运行机制的密码隐藏在生态系统的结构、生态系统的演进以及两者关系之中。系统结构、系统演进和两者关系为我们指明了研究路径。共享经济模式渗透、影响甚至重构生态系统的结构和演进。

第十节　结　论

本章梳理了与本书研究密切相关的开放式创新理论、生态系统理论、共享经济理论。这些相关理论与本书的研究内容有着内在的逻辑联系。本书的研究内容可以理解为以企业的创新为研究对象。共享经济模式为企业的开放式创新提供新平台，共同构建创新生态系统。共享经济模式对创新生态系统的结构和创新生态系统的演进产生了显著的影响，这些影响的内在机制，可以通过种群动力学加以分析。现有文献为本研究提供重要支撑，但在具体影响机制等方面的研究还有待深入。

第三章　企业创新生态系统

现有创新生态系统的研究成果比较丰富，其概念架构覆盖从宏观、中观到微观的多层次结构。本书的研究对象聚焦于这个复杂系统中的某一个具体小生境。当前的创新生态系统概念架构无法直接用来描述本书的研究系统，有必要对本书研究的创新生态系统概念加以优化。为了体现研究过程的完整性，本章将对创新生态系统概念优化过程进行详细阐述。

第一节　创新生态系统概念模型优化

创新生态系统研究逐渐深入，但是对创新生态系统的概念界定并没有形成广泛的共识。国内学者对创新生态系统进行研究时，部分研究没有明确给出其概念或者定义，只是借用创新生态系统这一概念或者对其内涵加以描述。研究中给出明确概念的主要分为以下两类：一类是通过生物学（生态学）隐喻来表达核心理念，即创新生态系统是指一定区域内各种创新种群之间、创新种群与创新环境之间，通过物质流、信息流、能量流、人才流的联结传导，形成动态演进、共生竞合的开放、非线性、多层次的复杂系统。创新生态系统组成的基本要素是物种，如企业、科研机构、辅助机构、政府等。另一类从企业或产业创新（生态）系统、商业生态系统、国家或区域创新（生态）系统等单一视角或多重视角推导出创新生态系统的内涵。可见，类似研究之间存在一些分歧，同时也缺乏对创新生态系统的运行机理和治理路径的研究。创新生态系统没有形成独立、完整的理论架构。对于这样一类概念模糊、边界不明的问题，适合用一种规范的定性分析方法进行研究。

扎根理论[245]（Grounded Theory）自提出以来，学者对该方法的实际操作步骤与要求均做了一些修改。国内的学者们也有大量严谨的扎根理论研究实践，并且对该方法在中国独特学术环境中的运用提出了具有比较高学术价值的见解。本书根据目前扎根理论方法的研究[246]及其在相关领域的运用[247-248]，归纳出扎根理论的一般研究路径。扎根理论研究主要由三个步骤构成：首先，数据收集。这里的数据指的是广义数据，包括学术研究文献、案例、政府的法规与政策文件等二手资料，也包括通过深度访谈、问卷调查等实地研究获得的一手资料。其次，数据分析，包括开放性译码（编码）、主轴（轴心）译码（编码）、选择性译码（编码）。开放性译码必须抛弃任何前设，把资料分解、检查、对比、概念化、类属化。主轴译码是在开放性译码的基础上形成类属，并检验各类属之间的关系。本阶段的译码范式模型可以根据发展顺序来联结。译码范式模型的发展顺序为因果—现象—情境—中介条件—行动策略—结果。选择性译码是在类属中区分核心类属与支援类属。最后，理论构建，通过整合图和故事线将各种理论要素整合起来。

本书对访谈资料、案例资料、学术研究资料等提供的数据进行开放性译码。对各种文献资料进行反复、仔细地阅读，进行概念化和抽象化。通过不断地比较来提炼概念并进行范畴的划分。初始阶段的译码较宽，然后逐步缩小，直至号码饱和。围绕"创新生态系统及其治理"这一主题对数据进行开放性译码。按照逻辑关系对开放性译码进行级别设置，共获得一级译码608个，二级译码280个，在此基础之上提炼出76个概念（用$a_1 \sim a_{76}$表示）。将概念归入各自所属现象，形成16个范畴（用$A_1 \sim A_{16}$表示），具体内容如表3-1所示。

表 3-1　开放性译码

概念化	范畴化
a_1 经济体制改革、a_2 创新政策、a_3 创业政策、a_4 税收政策、a_5 人才政策、a_6 供给侧结构性改革	A_1 政策
a_7 法规、a_8 知识产权保护、a_9 工商管理	A_2 法律法规
a_{10} 产值、a_{11} 就业、a_{12} 财政收入、a_{13} 企业利润、a_{14} 经济新常态	A_3 经济基础
a_{15} 居民消费、a_{16} 私营企业、a_{17} 国有企业、a_{18} 财政支出、a_{19} 进口、a_{20} 出口、a_{21} 技术市场	A_4 市场
a_{22} 信用评级制度、a_{23} 金融支撑系统	A_5 投资与融资
a_{24} 客户、a_{25} 供应商、a_{26} 竞争者、a_{27} 潜在竞争者、a_{28} 雇员、a_{29} 互补商、a_{30} 相邻社区	A_6 利益相关者
a_{31} 交通（网络）、a_{32} 通信与信息化、a_{33} 住房、a_{34} 医院、a_{35} 学校、a_{36} 创新基础设施	A_7 基础设施
a_{37} 人才资本、a_{38} 企业家、a_{39} 高校与科研机构、a_{40} 专利与发明、a_{41} 研究论文	A_8 智力资本
a_{42} 科技企业、a_{43} 领军企业	A_9 焦点企业
a_{44} 律师事务所、a_{45} 会计师事务所、a_{46} 人力资源服务公司、a_{47} 技术服务公司	A_{10} 服务系统
a_{48} 习俗、a_{49} 惯例、a_{50} 风土人情、a_{51} 宗教、a_{52} 价值观	A_{11} 社会文化
a_{53} 办事程序、a_{54} 游戏规则	A_{12} 社会规范
a_{55} 网络节点、a_{56} 节点间关系、a_{57} 网络整体形态、a_{58} 过程目标、a_{59} 结果目标、a_{60} 合同、a_{61} 信任、a_{62} 社会准则	A_{13} 创新生态治理
a_{63} 决策、a_{64} 计划、a_{65} 组织、a_{66} 领导、a_{67} 控制	A_{14} 组织管理创新
a_{68} 营销与品牌、a_{69} 人力资源、a_{70} 财务管理、a_{71} 生产运作、a_{72} 物流与供应链、a_{73} 质量管理、a_{74} 组织文化	A_{15} 组织业务创新
a_{75} 治理结构、a_{76} 资本结构	A_{16} 管理制度创新

通过对表 3-1 开放性译码的分析，可以发现创新生态系统涉及创新组织与个人所处的政治、经济、法律、市场、投融资、利益相关者、社会文

化等诸多环境因素。创新生态系统的复杂性可见一斑。孤立的概念与范畴依然不足以对创新生态系统进行清晰的解释。

创新生态系统虽然复杂，不容易进行清晰的分析和解释，但是，各个范畴之间是相对独立的，需要通过主轴译码技术对范畴之间的关系进行深入解析。主轴译码技术的主要任务是发现和建立概念与范畴之间的各种关系，以表现各范畴之间的有机关联。随着分析的不断深入，有关各个范畴之间的各种联系也变得越来越具体。范畴有主副之分，因果关系、现象、情境、中介条件、行动策略与结果构成了典范模型的分析框架。典范模型可以更好地说明主范畴与副范畴的关系。主轴译码的结果如表 3-2 所示。

表 3-2 主轴译码的结果

核心类属	主范畴				
	政治与法律	经济	技术	社会文化	创新生态管理
因果关系	$a_1 \sim a_9$	$a_{10} \sim a_{30}$	$a_{31} \sim a_{47}$	$a_{48} \sim a_{54}$	$a_{55} \sim a_{76}$
现象	政策驱动	市场驱动	技术驱动	文化驱动	管理驱动
情境	法律法规	经济	智力资本、焦点企业	社会文化	创新生态
中介条件	政策	市场、投融资、利益相关者	基础设施、服务系统	社会规范	治理目标、治理机制
行动策略	法律容许范围内，利用有利政策	一定经济系统内，借助投/融资系统，处理好利益相关者的关系，获得市场份额与利润	创新主体在创新基础设施与服务系统帮助下实现技术创新	营造鼓励创新的社会氛围	管理提升创新效率。组织通过内部管理创新实现与外部创新系统匹配
结果	提高创新法制保障能力	提高创新主体盈利与生存能力	提高科技创新能力	提供创新的精神动力	提高组织创新能力

通过对表 3-2 主范畴和典范模型的分析，可以发现创新生态系统的治理路径主要有政治与法律环境治理、经济环境治理、技术环境治理、社会文化环境治理、创新生态管理环境治理 5 个主范畴。

第一个主范畴是政治与法律，由法制环境、政策环境构成。这说明创新离不开法制环境的支撑与保护，也离不开相关政策的激励和推动。知识产权保护与市场行为规范对创新企业与创新活动尤其重要。法制环境治理是创新生态治理的基础保障。体制改革、供给侧结构性改革、创新创业政策、税收政策、人才政策为创新提供了具体的政策支持点。宏观的法制系统通过具体的政策措施直接作用于创新创业活动。中国国情背景下的政治与法律环境是中国创新生态系统的一个显著特点。

第二个主范畴是经济，由经济基础环境、市场环境、投/融资环境、利益相关者环境构成。在市场经济体制下的创新活动必须有一定的利润和资金投入作为支撑。宏观经济环境决定了市场环境、投/融资环境、市场中利益相关者的关系。提高创新主体的盈利与生存能力，有利于实现可持续创新。

第三个主范畴是技术，由智力资本、焦点企业、基础设施、服务系统构成。这表明创新者、创新企业与组织（创新智力资本与创新焦点企业）只有在创新基础设施与服务系统帮助下才能更好地实现技术创新。技术创新活动不是孤军奋战，要充分利用创新资源网络实现协同创新。

第四个主范畴是社会文化，由社会文化与社会规范构成。我们所处的社会文化环境通过习俗、惯例、风土人情、宗教、价值观等因素影响创新活动。鼓励创新、勇于冒险的社会文化氛围激励创新者勇敢前行，因循守旧的社会氛围和令人处处碰壁的社会行为规范阻碍创新者的开拓性工作。

第五个主范畴是创新生态管理，由创新生态管理（宏观、中观）、企业与组织管理创新、业务创新、管理制度创新构成。创新生态系统管理活动主要分为宏观（国家创新生态系统）管理、中观（区域创新生态系统）管理、微观（企业与组织创新生态系统）管理三个层次。国家创新生态系统的战略规划与实施引领区域创新生态系统的构建。区域创新生态系统的构建改变了区域创新生态，营造了新的创新环境，同时给予创新组织进行组织创新与变革的压力。创新者与创新组织将外部压力转变为动力，积极进行组织与管理变革，主动适应新环境。管理创新、业务创新、制度创新等活动的开展也说明创新生态系统不仅局限于技术创新。

第二节　企业创新生态系统

企业创新生态系统是一个跨层次的复杂系统。其系统边界小于国家和区域创新生态系统，又大于单个企业的微观（小生境）创新生态系统。

一、边界确定

企业创新生态系统的构成具有跨层次性特点，其由企业内部的创新生态系统和企业之间的创新系统共同构成，这是一个跨越企业微观结构和企业间中观结构的跨层次结构。

共享经济模式以平台为载体，发挥各种平台在创新过程中的作用。因此，只能知道企业创新生态系统的结构和演进。在共享经济视角下，创新生态系统当中的各种结构性要素会发生显著的交互作用。以共生协同为视角，创新生态系统中的创新主体、创新主体的活动、创新主体在系统中的相对位置以及创新主体之间的关系都会发生显著的变化。

企业创新生态系统是创新生态系统的一个子系统。企业创新生态系统有着一个明确的边界，即这个子系统的主要范畴由投资与融资、利益相关者、智力资本、焦点企业、服务系统、社会文化等构成，如表3-3所示。其中，焦点企业是企业创新生态系统中的核心种群，是创新活动的主导者。

表3-3　企业创新生态系统概念模型

核心概念	所属范畴
a_{22} 信用评级制度、a_{23} 金融支撑系统	A_5 投资与融资
a_{24} 客户、a_{25} 供应商、a_{26} 竞争者、a_{27} 潜在竞争者、a_{28} 雇员、a_{29} 互补商、a_{30} 相邻社区	A_6 利益相关者
a_{37} 人才资本、a_{38} 企业家、a_{39} 高校与科研机构、a_{40} 专利与发明、a_{41} 研究论文	A_8 智力资本
a_{42} 科技企业、a_{43} 领军企业	A_9 焦点企业
a_{44} 律师事务所、a_{45} 会计师事务所、a_{46} 人力资源服务公司、a_{47} 技术服务公司	A_{10} 服务系统
a_{48} 习俗、a_{49} 惯例、a_{50} 风土人情、a_{51} 宗教、a_{52} 价值观	A_{11} 社会文化

二、数据分析方法——选择性译码

本阶段的主要工作是在对范畴及其关系进行分析的基础上，构建相关扎根理论模型，描述故事线索。共享经济视阈下企业创新生态系统及其治理路径可以用以下故事线来加以描述。

企业作为创新主体生存于一定的创新生态系统环境之中。系统环境由硬件环境和软件环境构成。硬件环境保障创新生态系统中的物质流动与传递，软件环境保障创新生态系统中的信息流动与传递。软、硬件环境之间互相协同联结，构成了一个非线性的创新活动支撑环境。良好的创新生态系统环境可以推动创新活动的开展，增加创新产出。健康度水平较低的创新生态系统环境，需要相应的措施加以治理。企业在创新基础设施与服务系统的帮助下实现创新活动，通过管理提升创新系统运转的有效性。企业组织通过内部管理创新实现与外界创新系统的匹配。政治与法律环境、经济与市场环境共同决定了创新活动的边界。社会文化提供创新的精神动力。宏观与中观视角下的创新生态环境构建与治理活动要通过企业微观层面的管理创新、业务创新、制度创新来实现。智能制造创新生态系统有其自身的边界，但是系统与外界环境之间存在物质、信息、能量、人才的交换，系统具有开放性的特征。创新生态系统的产出是各种创新产品与服务，这些创新产出又对经济、政治与法律、创新生态管理、社会文化等主范畴产生影响。系统中变量间的交互影响最终形成多条闭合的反馈回路。

企业创新生态系统的产出体现在创新生态系统帮助企业获得核心竞争力上。在共享经济视阈下，创新生态系统帮助企业超越自身边界的范围，更好地进行资源配置。基于共享原则，企业充分发掘和利用外部资源促进企业的技术创新和管理创新，以此培育、维持和提升企业的核心竞争力。一个好的创新生态系统可以促进企业更好地发展，以获得竞争优势，最终获得超额收益。可能的创新生态系统优化路径有单一路径和复合路径两类，下面重点介绍单一路径，单一路径有以下两条。

1.间接路径

（1）经济子系统的发展，促进市场环境与投/融资环境的改良，促成创新生态系统边界的拓展。

（2）政治与经济体制改革，通过新的法律法规与政策的出台，促成创新生态系统边界的拓展。

（3）社会文化建设引领社会规范优化，为创新提供精神动力。

2.直接路径

（1）通过不同层次创新科技园区、孵化器等创新网络节点的建设，优化创新网络，并且促进企业等创新组织的管理变革与制度创新，提升创新效率。

（2）直接将资源投入智力资本开发、焦点企业扶持、创新基础设施与服务系统建设上，提升科技创新能力。这也是目前比较常见的做法。

本书研究主要关注企业创新生态系统优化的直接路径。

共享经济视阈下企业创新生态系统优化的直接路径如下。

（1）利用各种共享平台优化创新网络。促进企业等创新组织的管理变革与制度创新，提升创新效率。

（2）利用共享方式进行资源配置。直接将资源投入智力资本开发、焦点企业扶持、创新基础设施与服务系统建设上，提升科技创新能力。

进行理论饱和度检验是保证扎根研究信度的重要环节。本书从两方面进行理论饱和度检验：一方面，进行文献研究，查阅本研究领域具有影响力的专著、重要学术期刊、著名企业创新案例等。对以上文献资料进行数据的定性筛选，发现提炼的概念均已存在于前文研究的16个范畴之中。另一方面，对相关领域学者、科研人员、企业管理者进行补充性访谈，发现的概念也同样包含在前文研究的范畴之中。

第四章 企业创新种群成长动力学分析

本章以生物系统中的种群动力学为主要理论依据，开发创新种群成长动力学模型。方程组推导结果表明：创新种群的成长过程中存在一定的均衡条件。科研种群是创新种群的主要互动种群。创新种群和科研种群之间存在显著的激励机制，两类种群对创新资源的占用存在一定的比例关系。创新种群的增长受到多种环境因素的影响，政府部门、服务机构、科研种群的影响均不同。创新种群的总量平衡点受总体环境制约，增量平衡点主要受科研种群影响。

第一节 研究背景

创新活动是一个系统工程，单一组织很难拥有创新所需要的全部资源。构建创新生态系统是变革时代创新、创业、公共管理、产业发展的重要基础。创新生态系统是指一定区域内各种创新种群之间、创新种群与创新环境之间，通过物质流（物质、信息、能量）、人才流的联结传导，形成动态演进、共生竞合的开放、非线性、多层次的复杂系统。创新生态系统组成的基本要素是物种（如企业、高校、科研机构、政府等）。创新物种的集合形成创新种群。多种创新种群联结形成各种群落，种群和群落在共生竞合的相互作用中动态演化并形成系统整体演化。构建企业创新生态系统、有效激励创新行为需要回答的核心问题是，创新种群之间存在什么样的作用机制。本书将生态系统理论与企业创新理论相结合，以生态理论中的种群生命周期理论、种群合作原理作为主要测度方法和依据，构建创新种群成长动力学模型。

第二节　创新种群成长动力学模型

一、模型构建思路

第一，本书的创新种群成长动力学模型建立在一定区域（斑块）范围之内，研究具有区域约束特征。生态学意义上的种群是指一定时空范围内的某一种生物体的集合。斑块是指不同于周围背景的、相对均质的非线性区域。自然界各种等级系统都普遍存在时间和空间的斑块化，它反映了系统内部和系统间的相似性或相异性。不同斑块的大小、形状、边界性质，以及斑块间的距离等空间分布特征构成了不同的生态带，形成了生态系统的差异，调节着生态过程。

第二，本书的模型主要关注创新种群的数量变化，其变化规律基于生物种群数量的非线性增长规律。自然界中的很多物种是非线性（指数或几何级数）增长的。创新种群的非线性增长现象也很常见。某一区域在特定时期的激励政策作用下，创新企业的数量可能会出现快速膨胀。本书在充分借鉴生物种群指数模型的基础上，开发符合创新种群的成长动力学模型，从而得出一系列创新种群独特的研究结论。

第三，在本书的模型中，外部环境是重要的影响因素。创新种群的成长过程受到外部环境的重要影响，但又有其独特性。创新过程中的大量资源来自外部环境中的不同相关种群（组织或个体），很多外部种群通过相互合作、共同发展实现对创新过程的不同影响。因此，本书所开发的创新种群成长动力学模型需要体现多样化的种群—环境作用机制，从而挖掘创新种群的发展特征。

第四，种群内部的竞争和协同机制同样是重要的影响因素，这一设定基于生物种群的种内竞争原理。自然界的生物种群内部存在竞争现象，种群数量越多，竞争越激烈。种群内部竞争具有调节种群规模的作用。创新种群内同样存在一定的竞争机制，这种竞争机制会在一定程度上抑制创新种群过分膨胀，因此种群内部竞争实际上也是创新种群实现优胜劣汰的过程之一，因此这一机制同样应成为创新种群成长模型的重要构成。

基于以上构建思路，本书借助生物种群的成长动力学模型研究创新种群的发展特征，即构建种群内部动力学模型和种群外部动力学模型。

二、模型设定

1. 创新种群内部关系模型

根据相关假设，构建企业创新种群（种群1）内部关系模型。根据 Logistic 模型可得

$$g_{1(t)} = \frac{\mathrm{d}N_{1(t)}}{\mathrm{d}t} = \alpha_1 N_{1(t-1)}\left\{1 - \frac{N_{1(t-1)}}{K}\right\} \tag{4-1}$$

其中，$g_{1(t)}$ 表示第 t 期种群增长率；$N_{1(t)}$ 表示第 t 期种群个体数量；$\dfrac{N_{1(t)}}{K}$ 表示第 t 期种群占用的资源量；$\dfrac{1}{K}$ 表示创新生态系统内某一种群中每个单位占用的资源。

因为 $\mathrm{d}N_{1(t)} \approx \Delta N_{1(t)} = N_{1(t)} - N_{1(t-1)}$，$\mathrm{d}t \approx \Delta t = t - (t-1) = 1$，所以可设定：

$$\Delta N_{1(t)} = \beta_1 N_{1(t-1)} + \beta_2 N_{1(t-1)}^2 \tag{4-2}$$

其中，$\Delta N_{1(t)}$ 为第 t 期种群中个体数量的变化量；$\beta_1 = \alpha_1$，通常 $\beta_1 > 0$，表示种群内部的协同效应；$\beta_2 = \dfrac{-\alpha_1}{K}$，通常 $\beta_2 < 0$，表示种群内部的竞争效应，称为内部竞争系数或种群密度抑制系数。

式（4-2）可变形为

$$\Delta N_{1(t)} = \left\{\beta_1 + \beta_2 N_{1(t-1)}\right\} N_{1(t-1)} \tag{4-3}$$

若 $\left\{\beta_1 + \beta_2 N_{1(t-1)}\right\} > 0$，则 $\Delta N_{1(t)} > 0$，种群内部以协同效应为主，创新生态系统内的资源可以支撑创新种群中个体数量的增加，增长得以维持。若 $\left\{\beta_1 + \beta_2 N_{1(t-1)}\right\} < 0$，则 $\Delta N_{1(t)} < 0$，种群内部以竞争效应为主，创新资源难以支撑创新种群中个体数量的增加，增长难以维持。

2. 环境对创新种群的影响

考虑科研种群对企业创新种群的影响，关系可表示为

$$N_{1(t)} = \beta_{12} N_{2(t)} \tag{4-4}$$

其中，$N_{2(t)}$ 为高校和科研机构等科研种群（种群 2）在 t 时期的个体数量；β_{12} 为种群 2 对种群 1 的影响系数，则 Logistic 模型可以修改为

$$g_{1(t)} = \frac{\mathrm{d}N_{1(t)}}{\mathrm{d}t} = \alpha_1 N_{1(t-1)} \left\{ 1 - \frac{N_{1(t-1)}}{K} + \frac{\beta_{12} N_{2(t-1)}}{K} \right\} \tag{4-5}$$

将式（4-4）代入式（4-5）变形得

$$\Delta N_{1(t)} = \gamma_1 N_{2(t-1)} + \gamma_2 N_{2(t-1)}^2 \tag{4-6}$$

其中，$\gamma_1 = \alpha_1 \beta_{12}$，$\gamma_2 = \dfrac{2\alpha_1 \beta_{12}^2}{K}$。

再进行变形，可得

$$\Delta N_{1(t)} = \left\{\gamma_1 + \gamma_2 N_{2(t-1)}\right\} N_{2(t-1)} \tag{4-7}$$

可以根据 γ_1、γ_2 的取值来判断种群 1、2 之间的关系。若 $\left\{\gamma_1 + \gamma_2 N_{2(t-1)}\right\} > 0$，则 $\Delta N_{1(t)} > 0$，种群之间以协同效应为主，创新资源可以支撑创新种群个体数量的增加，增长得以维持。若 $\left\{\gamma_1 + \gamma_2 N_{2(t-1)}\right\} < 0$，则 $\Delta N_{1(t)} < 0$，种群之间以竞争效应为主，创新资源难以支撑创新种群个体数量的增加，增长难以维持。

考虑政府和各种服务机构（如律师事务所、会计师事务所、咨询公司、

广告公司、人力资源服务机构等）的影响，式（4-4）进一步扩展为

$$N_{1(t)} = \beta_{12}N_{2(t)} + \alpha_{zf}N_{1(t-1)} + \alpha_{fw}N_{1(t-1)} \quad (4-8)$$

其中，α_{zf} 为政府对创新种群的激励系数，且 $\alpha_{zf}=j\text{-}s$，j 为政府各种鼓励创新的优惠政策；s 为税收等各种费用；α_{fw} 为各种服务机构对创新种群的影响。

科研种群内部也存在竞争或协同关系，因此有

$$g_{2(t)} = \frac{\mathrm{d}N_{2(t)}}{\mathrm{d}t} = \alpha_2 N_{2(t-1)}\left\{1 - \frac{N_{2(t-1)}}{K}\right\} \quad (4-9)$$

其中，$g_{2(t)}$ 表示第 t 期种群增长率；$N_{2(t)}$ 表示第 t 期种群个体数量；$\frac{N_{2(t)}}{K}$ 表示第 t 期种群占用的资源量；$\frac{1}{K}$ 表示创新生态系统内某一种群中每个单位占用的资源。

3. 综合考虑种群内部关系与环境影响

基于前文推导，可得

$$\begin{aligned}
N_{1(t)} &= (1+g_{1(t)}+g'_{1(t)})\,N_{1(t-1)} + \alpha_{zf}N_{1(t-1)} + \alpha_{fw}N_{1(t-1)} \\
&= \left\{1 + \alpha_1 N_{1(t-1)}(1 - \frac{N_{1(t-1)}}{K}) + \alpha_1 N_{1(t-1)}(1 - \frac{N_{1(t-1)}}{K} + \frac{\beta_{12}N_{2(t-1)}}{K})\right\}\cdot \\
&\quad N_{1(t-1)} + \alpha_{zf}N_{1(t-1)} + \alpha_{fw}N_{1(t-1)}
\end{aligned} \quad (4\text{-}10)$$

整理，得

$$N_{1(t)} = (1+\alpha_{zf}+\alpha_{fw})N_{1(t-1)} + 2\alpha_1 N_{1(t-1)}^2 - \frac{2\alpha_1}{K}N_{1(t-1)}^3 + \frac{\alpha_1\beta_{12}}{K}N_{1(t-1)}^2 N_{2(t-1)} \quad (4\text{-}11)$$

令 $1+\alpha_{zf}+\alpha_{fw}=\eta_1$，则

$$N_{1(t)} = \eta_1 N_{1(t-1)} + 2\alpha_1 N_{1(t-1)}^2 - \frac{2\alpha_1}{K}N_{1(t-1)}^3 + \frac{\alpha_1\beta_{12}}{K}N_{1(t-1)}^2 N_{2(t-1)} \quad (4\text{-}12)$$

因为

$$N_{2(t)} = (1+g_{2(t)})N_{2(t-1)} = \left\{1 + \alpha_2 N_{2(t-1)}(1 - \frac{N_{2(t-1)}}{K})\right\}N_{2(t-1)} \quad (4\text{-}13)$$

所以

$$N_{2(t)} = N_{2(t-1)} + \alpha_2 N_{2(t-1)}^2 - \frac{\alpha_2}{K} N_{2(t-1)}^3 \qquad (4\text{-}14)$$

对式（4-12）、式（4-14）求偏导，可得联立方程：

$$\begin{cases} \dfrac{\partial N_{1(t)}}{\partial N_{1(t-1)}} = \eta_1 + 4\alpha_1 N_{1(t-1)} - \dfrac{6\alpha_1}{K} N_{1(t-1)}^2 + \dfrac{2\alpha_1 \beta_{12}}{K} N_{1(t-1)} N_{2(t-1)} \\ \dfrac{\partial N_{2(t)}}{\partial N_{2(t-1)}} = 1 + 2\alpha_2 N_{2(t-1)} - \dfrac{3\alpha_2}{K} N_{2(t-1)}^2 \end{cases} \qquad (4\text{-}15)$$

化简，得

$$\begin{cases} \dfrac{\partial^2 N_{1(t)}}{\partial N_{1(t-1)}} = 4\alpha_1 - \dfrac{12\alpha_1}{K} N_{1(t-1)} + \dfrac{2\alpha_1 \beta_{12}}{K} N_{2(t-1)} \\ \dfrac{\partial^2 N_{2(t)}}{\partial N_{2(t-1)}} = 2\alpha_2 - \dfrac{6\alpha_2}{K} N_{2(t-1)} \end{cases} \qquad (4\text{-}16)$$

可得如下方程组：

$$\begin{cases} 4\alpha_1 - \dfrac{12\alpha_1}{K} N_{1(t-1)} + \dfrac{2\alpha_1 \beta_{12}}{K} N_{2(t-1)} = 0 \\ 2\alpha_2 - \dfrac{6\alpha_2}{K} N_{2(t-1)} = 0 \end{cases} \qquad (4\text{-}17)$$

解以上方程组可以得到唯一非负解，即均衡点为 $\left(\dfrac{K}{3} + \dfrac{K\beta_{12}}{18}, \dfrac{K}{3}\right)$。该均衡点表示企业创新种群和科研机构种群所占创新资源的均衡态。将该点数值除以创新种群各单位平均获得的创新资源量（$1/K$），则可以得到均衡态的创新种群规模值。

第三节　实证分析

以江苏省的数据为例，测算区域创新生态系统的种群数量均衡点。选取相关数据：①创新企业种群规模（有科技活动的企业数，单位为个）；②科研种群规模（科研机构数，单位为个）；③科研经费（R&D 经费支出，单位为亿元）。测算得出的数据：科研组织综合（科研活动总数，单位：个）。具体数据如表 4-1 所示，表中数据取自《江苏统计年鉴（2003—2016）》，并进行相关测算。表中，科研活动总数 = 有科技活动的企业数

+科研机构数，单位为个；$1/K$ 的单位为万元；$K=\beta_{12}/3+K/3$，单位为亿元；企业创新种群规模均衡值单位为个；科研机构创新种群规模均衡值单位为个。

表 4-1　实证分析相关数据

年份	有科技活动的企业数	科研机构数	R&D 经费支出/亿元	科研活动总数	1/K/万元	K/亿元	K/3/亿元	企业创新种群规模均衡值	科研机构创新种群规模均衡值
2015	18 872	23 101	1 801	41 973	429	676	600	15 752	13 991
2014	14 150	21 844	1 653	35 994	459	620	551	13 508	11 998
2013	12 283	19 393	1 487	31 676	470	558	496	11 887	10 559
2012	11 133	17 776	1 288	28 909	446	483	429	10 849	9 636
2011	7 712	9 061	1 072	16 773	639	402	357	6 295	5 591
2010	2 257	6 798	858	9 055	947	322	286	3 398	3 018
2009	2 159	7 521	717	9 680	741	269	239	3 633	3 227
2008	2 508	4 761	797	7 269	1 097	299	266	2 728	2 423
2007	2 236	3 898	686	6 134	1 118	257	229	2 302	2 045
2006	1 831	3 620	691	5 451	1 268	259	230	2 046	1 817
2005	1 695	3 751	400	5 446	735	150	133	2 044	1 815
2004	1 569	3 765	519	5 334	972	195	173	2 002	1 778
2003	1 271	2 726	374	3 997	935	140	125	1 500	1 332
2002	1 222	2 907	296	4 129	717	111	99	1 550	1 376

由表 4-1 可知，2002—2010 年，企业创新种群规模的实际值低于均衡值，说明这一阶段，创新资源比较充足且没有被充分利用。2011—2015 年，企业创新种群规模的实际值明显高于均衡值，且偏离程度越来越大，表明这一阶段，企业创新种群的增长遇到了创新资源的约束。对于科研机构种群规模，其实际值始终高于均衡值，且偏离程度较大。这表明科研机构数量远高于均衡值，过多的科研机构占用了江苏创新生态系统中的资源，挤压了企业创新种群的发展空间。

第四节 结 论

企业创新生态系统中，多个相关种群互相影响。企业创新种群内部也存在互相影响的行为。这种互相影响的行为可以表现为协同，也可以表现为竞争。由于受到创新环境中资源总量的约束，种群之间或者种群内部的协同未必一定可以促进创新。模型中设置了资源总量变量充分体现了资源约束机制。

创新生态系统可以进行自组织进化，种群间和种群内部企业之间的合作可以促成多种群共赢。但是，现实中的负面案例对创新生态系统的自组织进化提出了质疑，究其原因在于对创新生态系统的作用机制缺乏细致深入的分析。创新生态系统是一个复杂的系统，系统运作必然受到各个子系统之间的互动影响。模型中充分考虑了政府、辅助服务机构等生态子系统对生态系统演进的影响。

核心企业（种群）在创新生态系统的演进中发挥主导作用。一类研究认为核心企业（种群）主导创新生态系统中的种群合作并促进生态进化。另一类研究发现核心企业（种群）对创新生态系统的进化所起到的作用是多样性的。模型中以创新企业种群和科研种群为核心种群，两者之间的关系为创新生态系统中的主要关系。

第五章　产业内竞争、技术进步
　　　　与增长收敛性测度

本章基于生态学原理，构建种群竞争模型，利用 Logistic 模型测算研究样本的种群互动关系，选取全国总体和浙江、江苏、上海、广东等发达地区的工业企业种群为研究样本。多数研究区域的工业企业处于种群协同状态。以全要素生产率指标表示技术进步。测算工业企业种群投入、产出指标的 Malmquist 指数得到技术进步、技术变化和效率变化的趋势。结果表明：2000 年以来的经济高速增长过程中，技术变化对技术进步的贡献率比较高，技术效率的贡献率不高。技术变化与技术进步有着相同的变化趋势。技术变化与技术进步的变化没有出现明显收敛。工业企业种群协同态势下技术进步明显，技术进步主要依赖技术变化，技术效率改进空间较大。

第一节　研究背景

中国经济增长能否从要素驱动、投资驱动转向创新驱动，是发展成功与否的关键。创新活动是一个系统工程，单一组织很难拥有创新所需要的全部资源。企业与企业、企业与其他类型组织之间的协同共生成了新趋势。

因此，构建创新生态系统是变革时代创新、创业、公共管理、产业发展的重要基础。

创新生态系统是指一定区域内各种创新种群之间、创新种群与创新环境之间，通过物质流、能量流、信息流的联结传导，形成共生竞合、动态演化的开放、复杂系统。创新生态系统组成的基本要素是物种（如企业、高校、科研机构、政府等）。创新物种的集合是创新种群。多种创新种群联结形成各种群落，种群和群落在共生竞合的相互作用中动态演化并形成系统整体演化。

生态学与经济学的关系密切，生态学分析生物如何"经济地"生存与发展，经济学研究人如何"经济地"生存与发展。生态学讨论自然界的经济性，经济学分析人类社会的生态性。在当前的时代背景下，尤其需要将两者结合起来分析经济增长过程中所面临的创新问题，即创新生态系统问题。国外创新生态系统研究历程和国内经济增长与供给侧结构性改革的压力均促使我们以生态学的视角来看待创新系统和创新问题，研究创新生态系统中种群之间的相互关系，以及如何进行创新生态系统的治理与优化。

本书从生态学视角分析工业企业种群的互动关系行为，研究种群内、种群间互动行为与创新和技术进步的关系。基于全要素生产率、技术进步、效率进步的波动特征分析其增长的收敛性，进而厘清种群互动与增长可持续性之间的关系。目前，缺乏对创新生态系统更加深入的研究，本书以全国规模以上工业企业为研究对象，选取"长三角""珠三角"地区的浙江、江苏、上海、广东四省市为对比样本，利用 Logistic 模型分析工业企业种群的内部关系、总体与区域工业企业种群之间的互动关系，进一步测算体现其投入、产出效率变化的 Malmquist 指数，分析研究对象的全要素生产率、技术进步、效率变化情况，并研究效率、技术进步、技术变化与种群竞争之间的关系。基于 Malmquist 指数结果分析技术进步与增长的收敛性。

第二节 产业种群关系分析

一、种群内部关系模型

本书设定相关假设，构建基于 Logistic 模型的种群关系模型。根据 Logistic 模型可得：

$$g_{1(t)} = \frac{\mathrm{d}N_{1(t)}}{\mathrm{d}t} = \alpha_1 N_{1(t-1)} \left\{ 1 - \frac{N_{1(t-1)}}{K} \right\} \tag{5-1}$$

其中，$g_{1(t)}$ 表示第 t 期种群增长率；$N_{1(t)}$ 表示第 t 期种群个体数量；$N_{1(t)}/K$ 表示第 t 期种群占用的资源量；$1/K$ 表示创新生态系统内某一种群中每个单位占用的资源。

因为 $\mathrm{d}N_{1(t)} \approx \Delta N_{1(t)} = N_{1(t)} - N_{1(t-1)}$，$\mathrm{d}t \approx \Delta t = t - (t-1) = 1$，所以可设定：

$$\Delta N_{1(t)} = \beta_1 N_{1(t-1)} + \beta_2 N_{1(t-1)}^2 \tag{5-2}$$

其中，$\Delta N_{1(t)}$ 为第 t 期种群中个体数量的变化量；$\beta_1 = \alpha_1$，通常 $\beta_1 > 0$，表示种群内部的协同效应；$\beta_2 = -\alpha_1/K$，通常 $\beta_2 < 0$，表示种群的内部竞争效应，称为内部竞争系数或种群密度抑制系数。

式（5-2）变形为

$$\Delta N_{1(t)} = \left\{ \beta_1 + \beta_2 N_{1(t-1)} \right\} N_{1(t-1)} \tag{5-3}$$

若 $\left\{ \beta_1 + \beta_2 N_{(t-1)} \right\} > 0$，则 $\Delta N_{1(t)} > 0$，种群内部以协同效应为主，创新生态系统内的资源可以支撑创新种群中个体数量的增加，增长得以维持。若 $\left\{ \beta_1 + \beta_2 N_{(t-1)} \right\} < 0$，则 $\Delta N_{1(t)} < 0$，种群内部以竞争效应为主，创新资源难以支撑创新种群中个体数量的增加，增长难以维持。

二、总体与区域工业种群间关系模型

考虑到总体种群与区域种群之间存在着相互影响，可得总体种群与区域种群之间的互动关系模型

$$N_{1(t)} = \beta_{12} N_{2(t)} \tag{5-4}$$

$$N_{2(t)} = \beta_{21} N_{1(t)} \tag{5-5}$$

其中，$N_{1(t)}$ 为总体种群在 t 时期的个体数量；$N_{2(t)}$ 为区域种群在 t 时期的个体数量；β_{12} 为种群 2 对种群 1 的影响系数；β_{21} 为种群 1 对种群 2 的影响系数。

Logistic 模型可以修改为

$$g_{1(t)} = \frac{\mathrm{d}N_{1(t)}}{\mathrm{d}t} = \alpha_1 N_{1(t-1)} \left\{ 1 - \frac{N_{1(t-1)}}{K_1} - \frac{\beta_{12} N_{2(t-1)}}{K_1} \right\} \tag{5-6}$$

将式（5-4）代入式（5-6）变形，得

$$\Delta N_{1(t)} = \gamma_1 N_{2(t-1)} + \gamma_2 N_{2(t-1)}^2 \tag{5-7}$$

其中，$\gamma_1 = \alpha_1 \beta_{12}$，$\gamma_2 = -2\alpha_1 \beta_{12}^2 / K_1$，故可得

$$\Delta N_{1(t)} = \left\{ \gamma_1 + \gamma_2 N_{2(t-1)} \right\} N_{2(t-1)} \tag{5-8}$$

可以根据 γ_1、γ_2 的取值来判断种群 1、2 之间的关系。若 $\{\gamma_1 + \gamma_2 N_{2(t-1)}\} > 0$，则 $\Delta N_{1(t)} > 0$，种群之间以协同效应为主，创新资源可以支撑创新种群个体数量的增加，增长得以维持。若 $\{\gamma_1 + \gamma_2 N_{2(t-1)}\} < 0$，则 $\Delta N_{1(t)} < 0$，种群之间以竞争效应为主，创新资源难以支撑创新种群个体数量的增加，增长难以维持。

三、计量模型

由式（5-2）和式（5-7）构建回归模型式（5-9）和式（5-10），可得

$$\Delta N_{1(t)} = \beta_0 + \beta_1 N_{1(t-1)} + \beta_2 N_{1(t-1)}^2 + \varepsilon_{0(t)} \tag{5-9}$$

$$\Delta N_{1(t)} = \gamma_0 + \gamma_1 N_{2(t-1)} + \gamma_2 N_{2(t-1)}^2 + \varepsilon_{1(t)} \tag{5-10}$$

其中，β_0、β_1、β_2、γ_0、γ_1、γ_2 是待估参数；$\varepsilon_{0(t)}$、$\varepsilon_{1(t)}$ 为残差项。

第三节　实证分析

一、种群内部关系模型

种群内部关系计量结果如表 5-1 所示。

表 5-1　种群内部关系计量结果

局域	β_1	β_2	种群内部关系
全国	1.980（2.883）**	-0.000（-3.148）***	协同大于竞争
浙江	不显著	-0.000（-1.775）*	
江苏	1.561（2.660）**	-0.000（-3.024）***	协同大于竞争
上海	不显著	不显著	
广东	不显著	-0.000（-1.712）*	

注：*、**、*** 分别表示在 10%、5%、1% 的水平上显著。括号内为 T 值。

表 5-1 结果表明，全国及江苏区域内规模以上工业企业创新种群内部关系表现为协同效应。浙江、上海、广东区域内规模以上工业企业的协同效应不显著。2000—2015 年，我国规模以上工业企业内部关系总体表现为协同效应。这种协同效应的存在应该有利于产业发展、经济增长和产业技术进步。

二、总体与区域工业种群间关系模型

总体与区域工业种群间关系计量结果如表 5-2 所示。

表5-2　总体与区域工业种群间关系计量结果

影响方向	γ_1	γ_2	种群间关系
浙江对全国	7.768 (2.172) **	-0.000 (-2.427) **	协同大于竞争
江苏对全国	6.226 (1.850) ***	-0.000 (-1.928) ***	协同大于竞争
上海对全国	不显著	不显著	
广东对全国	13.249 (2.143) **	-0.000 (-2.361) **	协同大于竞争
全国对浙江	0.273 (1.687) *	-0.000 (-1.993) *	协同大于竞争
全国对江苏	不显著	不显著	
全国对上海	0.071 (2.201) **	-0.000 (-2.638) **	协同大于竞争
全国对广东	0.197 (2.113) **	-0.000 (-2.401) **	协同大于竞争

注：*、**、*** 分别表示在10%、5%、1%的水平上显著。括号内为 T 值。

表5-2结果表明，全国总体与样本区域规模以上工业企业种群间关系多数表现为协同关系。江苏、浙江、广东区域内规模以上工业企业对全国范围内规模以上工业企业的协同作用明显。全国对浙江、上海、广东区域内规模以上工业企业的协同效应显著。种群内部及总体与局部种群之间均未出现显著的竞争关系。多数种群内部表现为协同关系。根据协同理论，在这种情况下，创新行为（技术进步活动）得到更好的支持。

第四节　技术进步与增长收敛性测度

研究认为，经济增长的持续动力来自技术进步。目前，在"新常态"经济增长、供给侧结构性改革、结构调整背景下，参照国际经验，思考在当前形势下如何促进技术进步并充分利用技术进步。

技术进步受到技术变化和技术效率两个因素的影响。技术变化可以改进或创造新的事物，如新产品开发。技术效率指在生产运作过程中减少低效率、无效率活动，如规模经济、管理活动等。

技术进步的类型受制于技术变化和效率变化两个要素的不同组合。若技术变化和效率变化均正向发展，则技术进步也正向发展，或者两要素中至少有一种正向发展且占主导作用。技术变化可以使生产前沿面发生变动。效率进步表现为使生产向生产前沿面的位置移动。

"创造性毁灭"理论认为，动态失衡是健康经济的常态。创新既是创造，又是对旧方法和旧产品的毁灭。在技术进步的过程中，技术变化的影响显著高于效率变化的影响。发达经济体的实践也印证了以上理论。18世纪中叶以来，人类历史上先后发生的三次工业革命，均由西方国家的技术进步所主导。促进技术变化和效率变化均需要投入大量人力、物力、财力等资源，在进行创新资源分配时需要加以权衡。

为了进一步分析技术进步及其增长收敛性，以全要素生产率作为技术进步的衡量，进行 Malmquist 指数测算。基于投入的全要素生产率指数（effch）可以用 Malmquist 指数来表示，即

$$M_0^{t+1} = \left[\frac{D^t(x_0^{t+1}, y_0^{t+1})}{D^t(x_0^t, y_0^t)} \times \frac{D^{t+1}(x_0^{t+1}, y_0^{t+1})}{D^{t+1}(x_0^t, y_0^t)} \right] \tag{5-11}$$

将 Malmquist 指数与数据包络分析（Data Envelopment Analysis，DEA）方法相结合，用于测算种群生产率的变动情况。可以把 Malmquist 指数分解为以下两部分：一部分是效率变化（effch）；另一部分是技术变化（techch）。Malmquist 指数公式可以表示为

$$MI = \frac{D^{t+1}(x_0^{t+1}, y_0^{t+1})}{D^t(x_0^t, y_0^t)} \left[\frac{D^t(x_0^{t+1}, y_0^{t+1})}{D^{t+1}(x_0^{t+1}, y_0^{t+1})} \times \frac{D^t(x_0^t, y_0^t)}{D^{t+1}(x_0^t, y_0^t)} \right] = \text{effch} \times \text{techch}$$

$$\tag{5-12}$$

全要素生产率变化可以分解为技术变化和效率变化，效率变化又可以分解为纯技术效率变化（pech）和规模效率变化（sech），即

$$\text{tfpch} = \text{effch} \times \text{techch} \tag{5-13}$$

$$\text{effch} = \text{pech} \times \text{sech} \tag{5-14}$$

其中，effch > 1 表示效率提高，effch < 1 表示效率降低，effch=1 说明效率不变；techch > 1 表示技术进步，techch < 1 表示技术退步，techch=1 表示技术不变。基于柯布 - 道格拉斯生产函数来确定投入、产

出指标。选定投入指标为从业人员数、固定资产，产出指标为主营业务收入。运算结果如表 5-3、表 5-4 所示（本研究采用 DEAP 11 软件进行 Malmquist 指数测算），曲线变化如图 5-1—图 5-4 所示。

表 5-3　Malmquist 指数结果平均值

项　目	全要素生产率变化	技术变化	效率变化	纯技术效率变化	规模效率变化
2001 年	1.074	1.066	1.008	1.000	1.008
2002 年	1.098	1.088	1.009	1.000	1.009
2003 年	1.192	1.183	1.008	1.000	1.008
2004 年	1.108	1.148	0.965	0.959	1.005
2005 年	1.057	1.021	1.036	1.037	0.998
2006 年	1.103	1.097	1.006	1.002	1.004
2007 年	1.102	1.095	1.006	0.995	1.011
2008 年	1.018	1.017	1.001	0.995	1.005
2009 年	0.954	0.963	0.992	0.990	1.002
2010 年	1.096	1.106	0.991	0.993	0.998
2011 年	1.138	1.116	1.020	1.012	1.008
2012 年	0.980	0.978	1.002	1.006	0.997
2013 年	1.020	1.010	1.010	1.001	1.010
2014 年	0.968	0.991	0.977	1.000	0.977
2015 年	0.994	0.989	1.005	0.992	1.013
平均值	1.058	1.056	1.002	0.999	1.003

表 5-3 表明，在全国总体范围及发达地区的技术进步（全要素生产率变化）主要是由技术变化引起的。结合图 5-1 发现，技术进步与技术变化有着相同的变化趋势，两者的曲线形状基本一致。

表 5-4 Malmquist 指数结果平均值

项 目	全国	浙江	江苏	上海	广东
全要素生产率变化	1.072	1.037	1.054	1.077	1.051
技术变化	1.059	1.045	1.052	1.077	1.046
效率变化	1.012	0.992	1.002	1.000	1.005
纯技术效率变化	1.000	0.993	1.000	1.000	1.000
规模效率变化	1.012	0.999	1.002	1.000	1.005
平均值	1.058	1.056	1.002	0.999	1.003

表 5-4 表明，在研究周期内，全国规模以上工业企业总体保持了年均 7.2% 的技术进步增长水平。技术进步的主要来源是技术变化。发达地区样本中，上海的技术进步水平最高，保持每年 7.7% 的增长水平。江苏、广东、浙江规模以上工业企业全要素生产率比全国水平略低。

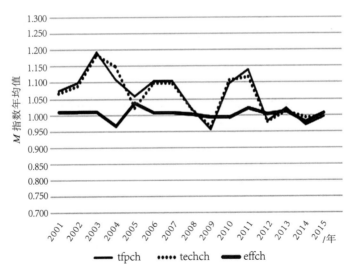

图 5-1 2001-2015 年技术进步、技术变化与效率变化折线图

图 5-1 表明，全要素生产率的变化趋势和技术变化的趋势基本一致，全要素生产率的变化主要取决于技术变化。

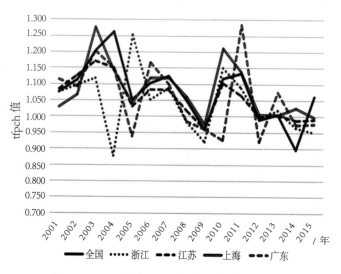

图 5-2　不同地区全要素生产率变化对比

　　图 5-2 表明，不同地区的全要素生产率变化参差不齐。不同地区的全要素生产率在波动幅度、波动趋势、波动形状上均有显著差异。

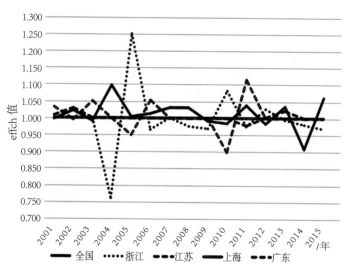

图 5-3　不同地区效率变化对比

　　图 5-3 表明，效率变化值围绕指数值 1 上下波动，波动幅度较小，效率变化呈现收敛性特征，说明效率变化趋于稳定状态。

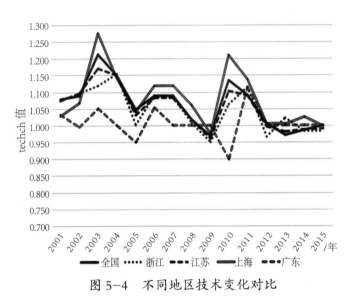

图 5-4　不同地区技术变化对比

　　图 5-4 中不同地区技术变化对比表明，浙江、江苏和广东的波动幅度较小，这三个地区的技术变化波动幅度低于全国水平。上海的技术变化波动幅度高于全国水平。

第五节　结　论

　　从生态学视角分析工业企业的种群互动关系，可以较好地反映企业种群间协同或竞争的互动行为。研究样本中多数地区规模以上工业企业种群互动关系显著，且呈现协同大于竞争的态势。全国总体规模以上工业企业种群内部表现为协同关系。规模以上工业企业种群协同作用促进了技术进步。上海是研究样本中技术进步水平最高的区域。在某一区域内企业种群的协同行为有利于促进技术进步。Malmquist 指数分析结果表明，技术进步主要归功于技术变化。技术进步与技术变化有着相同的发展趋势，而且这一发展趋势没有趋向收敛。技术效率有着较大的改进潜力。

　　充分利用技术进步的两要素，以替代和互补的方式向有效均衡的方向发展，是有效均衡发展的收敛趋势，目前我国经济增长并未出现如此趋势。我国的经济增长过程中，技术进步变化趋势与技术变化相一致。技术变化是在某个创新生态系统中实现的复杂行为。技术变化难以实现的时候，依然可以通过技术效率与规模效率的改进来提高产出效率。效率改进也是技术进步的重要因素之一。我国经济增长缺乏技术变化和技术效率改进的协调一致性与收敛性。技术进步的效率提升有发展空间。

技术进步收敛性影响经济增长收敛性，经济增长收敛性影响经济增长的持续性。增长的过度波动不利于长期发展。目前，工业企业的创新生态环境有利于技术变化主导的技术进步。创新生态系统中的各个子系统：政府、大学、科研机构、企业等的互动活动有效促进了技术变化，进而促进了技术进步。

第六章　创新生态系统中两斑块种群关系研究

本章基于生态学原理，以江苏、浙江两斑块内规模以上工业企业为研究对象，构建两斑块种群竞争模型，分析工业企业种群竞争关系。浙江规模以上工业企业种群内部互动关系显著，且呈现明显的协同关系。江苏工业企业种群内部互动关系不显著。Logistic 模型和竞争模型测算结果均表明，江苏和浙江工业企业竞争关系不强。测算两斑块规模以上工业企业种群投入、产出指标的 Malmquist 指数，得到全要素生产率、技术进步和效率变化趋势，发现规模以上工业企业协同效应促进了效率的提高，但没有促进技术进步。

第一节　种群关系模型

自 2011 年以来，中国经济增长进入"新常态"，告别了持续多年的快速增长状态。"新常态"是指我国经济发展进入高效率、低成本、可持续发展的中高速增长阶段，经济增长速度从高速增长转为中高速增长；经济结构持续优化；经济发展从资本、劳动、能源等要素投入驱动转向创新驱动；生态环境和绿色增长的压力将进一步显现。"新常态"下经济增长的内涵将发生根本变化，创新在经济增长中的作用凸显，而创新活动是一个系统工程，本节借鉴相关研究思路，设定研究假设，构建斑块内部种群关系模型和斑块间种群关系模型。

一、斑块内部种群关系模型

根据 Logistic 模型可得：

$$g_{1(t)} = \frac{dN_{1(t)}}{dt} = \alpha N_{1(t-1)} \left\{ 1 - \frac{N_{1(t-1)}}{K} \right\} \qquad (6-1)$$

其中，$g_{1(t)}$ 表示第 t 期种群增长率；$N_{1(t)}$ 表示第 t 期种群个体数量；$N_{1(t)}/K$ 表示第 t 期种群占用的资源量，创新生态系统内某一种群中每个单位占用资源为 $1/K$。

因为 $dN_{1(t)} \approx \Delta N_{1(t)} = N_{1(t)} - N_{1(t-1)}$，$dt \approx \Delta t = t - (t-1) = 1$，所以可设定：

$$\Delta N_{1(t)} = \beta_1 N_{1(t-1)} + \beta_2 N_{1(t-1)}^2 \qquad (6-2)$$

其中，$\Delta N_{1(t)}$ 为第 t 期种群中个体数量的变化量；$\beta_1 = \alpha_1$，通常 $\beta_1 > 0$，表示种群内部的协同效应；$\beta_2 = -\alpha_1/K$，通常 $\beta_2 < 0$，表示种群的内部竞争效应，称为内部竞争系数或种群密度抑制系数。

式（6-2）可变形为

$$\Delta N_{1(t)} = \left\{ \beta_1 + \beta_2 N_{1(t-1)} \right\} N_{1(t-1)} \qquad (6-3)$$

若 $\left\{ \beta_1 + \beta_2 N_{1(t-1)} \right\} > 0$，则 $\Delta N_{1(t)} > 0$，种群内部以协同效应为主，创新生态系统内的资源可以支撑创新种群中个体数量的增加，增长得以维持。若 $\left\{ \beta_1 + \beta_2 N_{1(t-1)} \right\} < 0$，则 $\Delta N_{1(t)} < 0$，种群内部以竞争效应为主，创新资源难以支撑创新种群中个体数量的增加，增长难以维持。

二、斑块间种群关系模型

考虑到相邻斑块种群之间存在着相互影响，可得相邻斑块创新种群互动关系模型：

$$N_{1(t)} = \beta_{12} N_{2(t)} \qquad (6-4)$$

$$N_{2(t)} = \beta_{21} N_{1(t)} \tag{6-5}$$

其中，$N_{1(t)}$、$N_{2(t)}$ 为相邻斑块同种创新种群在 t 时期的个体数量；β_{12} 为种群 2 对种群 1 的影响系数；β_{21} 为种群 1 对种群 2 的影响系数。则 Logistic 模型可以修改为

$$g_{1(t)} = \frac{dN_{1(t)}}{dt} = \alpha_1 N_{1(t-1)} \left\{ 1 - \frac{N_{1(t-1)}}{K_1} - \frac{\beta_{12} N_{2(t-1)}}{K_1} \right\} \tag{6-6}$$

将式（6-4）代入式（6-6）变形，得

$$\Delta N_{1(t)} = \gamma_1 N_{2(t-1)} + \gamma_2 N_{2(t-1)}^2 \tag{6-7}$$

其中，$\gamma_1 = \alpha_1 \beta_{12}$，$\gamma_2 = -2\alpha_1 \beta^2_{12} / K_1$，故可得

$$\Delta N_{1(t)} = \left\{ \gamma_1 + \gamma_2 N_{2(t-1)} \right\} N_{2(t-1)} \tag{6-8}$$

可以根据 γ_1、γ_2 的取值来判断种群 1、2 之间的关系。若 $\{\gamma_1 + \gamma_2 N_{2(t-1)}\} > 0$，则 $\Delta N_{1(t)} > 0$，种群之间以协同效应为主，创新资源可以支撑创新种群个体数量的增加，增长得以维持。若 $\{\gamma_1 + \gamma_2 N_{2(t-1)}\} < 0$，则 $\Delta N_{1(t)} < 0$，种群之间以竞争效应为主，创新资源难以支撑创新种群个体数量的增加，增长难以维持。

三、计量模型

由式（6-2）和式（6-7）构建回归模型式（6-9）和式（6-10），可得

$$\Delta N_{(t)} = \beta_0 + \beta_1 N_{(t-1)} + \beta_2 N_{(t-1)}^2 + \varepsilon_{0(t)} \tag{6-9}$$

$$\Delta N_{1(t)} = \gamma_0 + \gamma_1 N_{(t-1)} + \gamma_2 N_{(t-1)}^2 + \varepsilon_{1(t)} \tag{6-10}$$

其中，β_0、β_1、β_2、γ_0、γ_1、γ_2 是待估参数；$\varepsilon_{0(t)}$、$\varepsilon_{1(t)}$ 为残差项。

运用 Eviews 7 软件进行数据处理。

第二节　实证分析

斑块内部种群关系计量结果如表 6-1 所示。

表 6-1　斑块内部种群关系计量结果

局域	β_1	β_2	种群内部关系
浙江	7.844（2.407）**	-0.000（-2.569）**	协同大于竞争
江苏	不显著	-0.000（-1.804）*	协同与竞争临界点

注：*、**、*** 分别表示在 10%、5%、1% 的水平上显著。括号内为 T 值。

表 6-1 结果表明，浙江斑块内规模以上工业企业创新种群内部关系表现为协同效应。江苏斑块内规模以上工业企业的协同效应不显著，可以通过竞争系数值判断为内部竞争关系，由于 β_2 值很小，判定为处于协同与竞争的临界点处。

斑块间种群关系计量结果如表 6-2 所示。

表 6-2　斑块间种群关系计量结果

影响方向	γ_1	γ_2	种群间关系
江苏对浙江	3.194（1.826）*	-0.000（-2.141）*	协同大于竞争
浙江对江苏	6.226（1.850）*	-0.000（-1.928）*	协同大于竞争

注：*、**、*** 分别表示在 10%、5%、1% 的水平上显著。括号内为 T 值。

表 6-2 表明，江苏斑块内规模以上工业企业与浙江斑块内规模以上工业企业的相互协同作用明显，工业企业种群呈现互利共生关系。

第三节　竞争强度测算

种群间竞争是自然界普遍存在的现象，为了提高研究的信度与效度，借助实验生态学方法测算种群竞争强度，并将测算结果与 Logistic 模型的运算结果进行比对。研究借鉴种群竞争模型，将其改造为两斑块种群竞争强度的多维度测算模型，即

$$CI_i = \frac{D_i^{'}}{D_i} \frac{1}{\left| D_i^{'} - D_i \right|} \tag{6-11}$$

其中，CI_i 为种群在第 i 维度的竞争指数，其值越大表明种群间竞争越激烈；D_i 为研究对象种群的第 i 维度的规模；$D_i^{'}$ 为竞争种群的第 i 维度的规模。

种群的整体竞争指数为

$$CI = \sum_{i=1}^{n} CI_i \tag{6-12}$$

选取评价维度指标的时候应综合考虑投入指标和产出指标。企业作为创新生态系统中种群的个体，与实际生态系统中的种群个体不完全一致。自然生态系统中种群的生产行为是实现个体自身生产，以此实现种群规模的扩大。而企业生产行为的目标不是创造更多的企业，而是希望通过生产经营活动创造更多的价值。因此，有学者认为企业种群规模的扩大包括种群数量的增加和生产能力的提高两方面。借鉴以上思路，本节研究中利用柯布-道格拉斯生产函数中的投入、产出要素来构建种群竞争度评价维度指标体系。选定从业人员数、企业固定资产净值、工业企业产值为评价竞争度的指标，竞争强度值测算结果如表 6-3 所示。

表 6-3　竞争强度值测算结果

年份	浙江省斑块				江苏省斑块			
	CI_1	CI_2	CI_3	CI	CI_1	CI_2	CI_3	CI
2004 年	0.473 31	0.009 02	0.000 22	0.482 54	0.470 09	0.008 72	0.000 12	0.478 93
2005 年	0.023 68	0.000 60	0.000 15	0.024 43	0.020 74	0.000 33	0.000 07	0.021 15
2006 年	0.022 40	0.000 49	0.000 12	0.023 01	0.019 73	0.000 27	0.000 06	0.020 06
2007 年	0.015 53	0.000 37	0.000 09	0.015 98	0.013 10	0.000 18	0.000 04	0.013 32
2008 年	0.004 68	0.000 28	0.000 06	0.005 03	0.002 55	0.000 12	0.000 02	0.002 69
2009 年	0.005 46	0.000 23	0.000 06	0.005 74	0.003 22	0.000 09	0.000 02	0.003 32
2010 年	0.004 54	0.000 19	0.000 04	0.004 78	0.002 51	0.000 07	0.000 01	0.002 59
2011 年	0.004 16	0.000 16	0.000 04	0.004 36	0.001 88	0.000 05	0.000 01	0.001 94
2012 年	0.003 81	0.000 14	0.000 03	0.003 99	0.001 54	0.000 04	0.000 01	0.001 58
2013 年	0.003 71	0.000 13	0.000 03	0.003 87	0.001 45	0.000 03	0.000 01	0.001 48
2014 年	0.003 76	0.000 12	0.000 03	0.003 91	0.001 50	0.000 03	0.000 01	0.001 54

注：CI_1 为从业人员数竞争度，CI_2 为企业固定资产净值竞争度，CI_3 为工业企业产值竞争度。

测算结果显示，除 2004 年外，总体竞争度水平不高，且竞争度呈下降趋势。竞争度主要来自从业人员数维度，江苏、浙江两斑块在规模以上工业企业种群竞争上主要体现为人力资源的争夺。江苏企业种群对浙江企业种群形成的竞争压力略大于浙江企业种群对江苏企业种群形成的竞争压力，这与前文 Logistic 模型的分析结果基本一致。

第四节　种群互动对创新的影响分析

为了进一步分析种群互动关系如何影响创新效果，本节将进行 Malmquist 指数与种群互动行为的关联分析。基于投入的全要素生产率指数（tfpch）可以用 Malmquist 指数来表示，即

$$M_0^{t+1} = \left[\frac{D^t(x_0^{t+1}, y_0^{t+1})}{D^t(x_0^t, y_0^t)} \times \frac{D^{t+1}(x_0^{t+1}, y_0^{t+1})}{D^{t+1}(x_0^t, y_0^t)} \right] \tag{6-13}$$

将 Malmquist 指数与数据包络分析方法相结合，用于测算种群生产率的变动情况。可以把 Malmquist 指数分解为两部分：一部分是效率变化（effch）；另一部分是技术变化（techch）。Malmquist 指数公式可以表示为

$$MI = \frac{D^{t+1}(x_0^{t+1}, y_0^{t+1})}{D^t(x_0^t, y_0^t)} \left[\frac{D^t(x_0^{t+1}, y_0^{t+1})}{D^{t+1}(x_0^{t+1}, y_0^{t+1})} \times \frac{D^t(x_0^t, y_0^t)}{D^{t+1}(x_0^t, y_0^t)} \right] = \text{effch} \times \text{techch} \tag{6-14}$$

全要素生产率变化可以分解为技术变化（techch）和效率变化（effch），效率变化又可以分解为纯技术效率变化（pech）和规模效率变化（sech），即

$$\text{tfpch} = \text{effch} \times \text{techch} \tag{6-15}$$

$$\text{effch} = \text{pech} \times \text{sech} \tag{6-16}$$

其中，effch > 1 表示效率提高，effch < 1 表示效率降低，effch=1 表示效率不变；techch > 1 表示技术进步，techch < 1 表示技术退步，techch=1 表示技术不变。

为了保证研究的前后一致性，同样基于柯布 - 道格拉斯生产函数来确定投入、产出指标。选定投入指标为从业人员数、固定资产，产出指标为工业总产值。运用 DEAP 11 软件进行 Malmquist 指数测算，运算结果如表 6-4 所示。

表 6-4 两斑块 Malmquist 指数结果平均值

斑块	全要素生产率变化	技术变化	效率变化	纯技术效率变化	规模效率变化
浙江	1.040	1.014	1.026	1.000	1.026
江苏	1.065	1.065	1.000	1.000	1.000
平均值	1.053	1.039	1.013	1.000	1.013

表 6-4 表明，在江苏、浙江范围内，浙江规模以上工业企业全要素生产率比江苏略低。产业种群协同没有能够带来技术进步，浙江规模以上工业企业的协同行为促成了浙江规模以上工业企业的高效率。浙江规模以上工业企业在与江苏规模以上工业企业互动过程中，促进了整体区域内企业效率的提高。

第五节　结　论

浙江斑块内规模以上工业企业种群互动关系显著，且呈现协同大于竞争的态势。江苏斑块内规模以上工业企业之间种群协同关系不显著，工业企业处于协同与竞争关系的临界点处。相邻斑块规模以上工业企业之间存在种群互动效应。浙江斑块内规模以上工业企业种群是促进江苏、浙江工业企业良性协作的主导力量。浙江规模以上工业企业种群协同效应的主要效果是推动投入、产出效率提升，但并没有推动技术进步。江苏、浙江斑块内规模以上工业企业种群协同作用促进了效率的提升。

在某一斑块内企业种群之间的协同作用未必能促进技术进步，因为技术进步是在某个创新生态系统中实现的复杂行为。技术进步难以实现的时候，依然可以通过技术效率与规模效率的改进来提高产出效率。效率改进也是创新的表现形式之一。在某些企业种群协同性较好的区域，也要进一步分析其协同行为的成果是技术进步还是效率提升，或者两者兼而有之。种群关系以协同效应为主的斑块也要关注技术进步问题。以浙江为例，规模以上工业企业种群协同效应显著，但是近年来的技术进步情况不容乐观。浙江与江苏比较，其规模以上工业企业的技术进步不足，在以技术进步推动经济增长方面具有潜力。浙江与江苏之间的合作空间较大。

第七章　基于灰色种群动力学的企业创新种群成长区域关联研究

本章以种群动力学为主要理论依据，考虑企业创新种群的空间关联性，进而开发企业创新种群成长动力学模型。因此，需要研究某一区域企业创新种群内部，以及相邻区域企业创新种群之间的影响关系。以华东地区各省市的相关数据为例进行实证分析，基于种群规模的灰色性，构建灰色种群动力学模型。分析结果表明，考虑空间关联性的灰色种群动力学模型适合分析企业创新种群内和种群间关系。华东地区各省市企业创新种群的竞争与协同关系呈现出多样性的特点。对其关系的研究有利于优化不同区域的企业创新成长环境。

第一节　研究背景

创新生态系统研究逐渐深入，但是以企业创新种群为研究对象，研究一定区域内部和相邻区域之间种群关系的文献比较少。对创新生态系统的研究方兴未艾，相关定量研究的模型与数据收集方法逐渐被应用到实际问题分析中。学者们对创新生态系统的定量研究模式并没有形成共识，在这种情况下，创新生态系统的数据收集、分析、测算与模拟均存在一定的"灰色性"。创新生态系统是一个典型的灰色系统。因此，要充分考虑种群规模数据的灰色性，以华东地区企业创新种群、地区分布及其相互关系为研究对象进行实证分析。

第二节　企业创新种群成长动力的区域关联模型

一、企业创新种群成长动力学模型

1. 区域内部企业创新种群关系

借鉴相关研究对企业创新种群成长机制的分析，本节基于 Logistic 模型构建企业创新种群内部关系模型，可以得到以下方程：

$$g_{1(t)} = \frac{\mathrm{d}N_{1(t)}}{\mathrm{d}t} = \alpha_1 N_{1(t-1)} \left\{ 1 - \frac{N_{1(t)}}{K} \right\} \tag{7-1}$$

其中，$g_{1(t)}$ 表示第 t 期企业创新种群规模的增长率；$N_{1(t)}$ 表示第 t 期企业创新种群个体数量；$\dfrac{N_{1(t)}}{K}$ 表示第 t 期企业创新种群占用的资源量，创新系统内某一企业创新种群中每个单位所占用的资源为 $\dfrac{1}{K}$。

由于 $\mathrm{d}N_{1(t)} \approx \Delta N_{1(t)} = N_{1(t)} - N_{1(t-1)}$，$\mathrm{d}t \approx \Delta t = t - (t-1) = 1$，因此可以设定：

$$\Delta N_{1(t)} = \alpha_1 N_{1(t-1)} + \beta_2 N_{1(t-1)}^2 \tag{7-2}$$

其中，$\Delta N_{1(t)}$ 为第 t 期企业创新种群中个体数量的变化量；一般情况下，$\alpha_1 > 0$，表示企业创新种群的内部协同效应；$\beta_2 = \dfrac{-\alpha_1}{K}$，一般情况下，$\beta_2 < 0$，表示企业创新种群内部的竞争效应，称为企业创新种群内部竞争系数或企业创新种群密度抑制系数。

由于

$$N_{1(t)} = \Delta N_{1(t)} + N_{1(t-1)} = (\alpha_1 + 1) N_{1(t-1)} + \beta_2 N_{1(t-1)}^2 \tag{7-3}$$

可得 $\beta_1 = \alpha_1 + 1$。

式（7-3）通过变形可以得到：

$$N_{1(t)} = \left\{ \beta_1 + \beta_2 N_{1(t-1)} \right\} N_{1(t-1)} \tag{7-4}$$

如果 $\left\{ \beta_1 + \beta_2 N_{1(t-1)} \right\} > 1$，那么 $\Delta N_{1(t)} > 0$，企业创新种群内部以协同效应为主，创新生态系统内的资源完全可以支撑企业创新种群中个体数量的持续增加，增长得以维持。如果 $\left\{ \beta_1 + \beta_2 N_{1(t-1)} \right\} < 1$，那么 $\Delta N_{1(t)} < 0$，企业创新种群内部以竞争效应为主，创新资源难以支撑企业创新种群中个体数量的增加，增长难以维持。

2. 相邻区域创新种群之间的相互影响

考虑相邻区域企业创新种群（种群2）对企业创新种群（种群1）的影响。同理，基于 Logistic 方程可得如下模型：

$$g_{1(t)} = \frac{dN_{1(t)}}{dt} = \alpha_1 N_{2(t-1)} \left\{ 1 - \frac{N_{2(t-1)}}{K} \right\} \tag{7-5}$$

其中，$g_{1(t)}$ 表示第 t 期企业创新种群1的增长率；$N_{1(t)}$ 表示第 t 期企业创新种群1的个体数量；$\dfrac{N_{2(t)}}{K}$ 表示第 t 期企业创新种群占用的资源量，相邻区域创新生态系统内某一企业创新种群中每个单位占用资源为 $\dfrac{1}{K}$。

由于 $dN_{1(t)} \approx \Delta N_{1(t)} = N_{1(t)} - N_{1(t-1)}$，$dt \approx \Delta t = t - (t-1) = 1$，因此可得到

$$\Delta N_{1(t)} = \alpha_1 N_{2(t-1)} + \beta_2 N_{2(t-1)}^2 \tag{7-6}$$

其中，$\Delta N_{1(t)}$ 为第 t 期企业创新种群中个体数量的变化量；通常 $\alpha_1 > 0$，表示企业创新种群2对企业创新种群1的协同效应；$\beta_2 = \dfrac{-\alpha_1}{K}$，通常 $\beta_2 < 0$，表示企业创新种群2对企业创新种群1的竞争效应，称为竞争系数或种群密度抑制系数。

在式（7-6）两边加上 $N_{1(t-1)}$ 可得

$$N_{1(t)} = \Delta N_{1(t)} + N_{1(t-1)} = \alpha_1 N_{2(t-1)} + \beta_2 N_{2(t-1)}^2 + N_{1(t-1)} \tag{7-7}$$

令 $\beta_1 = \alpha_1 + \dfrac{N_{1(t-1)}}{N_{2(t-1)}}$，则式（7-7）变形为

$$N_{1(t)} = \left\{ \beta_1 + \beta_2 N_{2(t-1)} \right\} N_{2(t-1)} \tag{7-8}$$

如果 $\left\{\beta_1 + \beta_2 N_{1(t-1)}\right\} > \dfrac{N_{1(t-1)}}{N_{2(t-1)}}$ ，那么 $\Delta N_{1(t)} > 0$，相邻企业创新种群的影响以协同效应为主，相邻区域创新生态系统内的创新资源可以支撑企业创新种群中个体数量的增加，增长得以维持。如果 $\left\{\beta_1 + \beta_2 N_{1(t-1)}\right\} < \dfrac{N_{1(t-1)}}{N_{2(t-1)}}$ ，那么 $\Delta N_{1(t)} < 0$，相邻企业创新种群的影响以竞争效应为主，相邻区域创新生态系统的创新资源难以支撑企业创新种群中个体数量的增加，增长难以得到维持。

3. 企业创新种群对相邻区域企业创新种群的影响

同理可得

$$N_{2(t)} = \left\{\beta_1 + \beta_2 N_{1(t-1)}\right\} N_{1(t-1)} \tag{7-9}$$

二、计量模型

由式 (7-4)、式 (7-8) 和式 (7-9) 构建回归模型式 (7-10) 至式 (7-12)，可得

$$N_{1(t)} = \beta_0 + \beta_1 N_{1(t-1)} + \beta_2 N_{1(t-1)}^2 + \varepsilon_{0(t)} \tag{7-10}$$

$$N_{1(t)} = \beta_0 + \beta_1 N_{2(t-1)} + \beta_2 N_{2(t-1)}^2 + \varepsilon_{0(t)} \tag{7-11}$$

$$N_{2(t)} = \beta_0 + \beta_1 N_{1(t-1)} + \beta_2 N_{1(t-1)}^2 + \varepsilon_{0(t)} \tag{7-12}$$

根据 Logistic 模型运算出的结果进行判断，每一个模型可能会出现"不显著""竞争大于协同""协同大于竞争"三种结论。对应这三种结论，每一个区域的企业创新种群均有自身的种群关系向量。

令种群关系向量为 $R(r_1, r_2, r_3)$。其中，r_1 为模型式 (7-10) 的分析结果，r_2 为模型式 (7-11) 的分析结果，r_3 为模型式 (7-12) 的分析结果。

这个种群关系向量是一个三维行向量，共有 27 种组合方式。其中比较特别的有 R_1（协同，协同，协同）、R_2（竞争，竞争，竞争）、R_3（不显著，不显著，不显著）三种情况。企业创新种群关系表现为 R_1 的区域

是整个区域中的创新核心区域，不仅该区域内的企业关系表现为协同大于竞争，而且该区域对相邻区域和相邻区域对该区域均表现为协同关系。创新核心区域是整体区域中促进协同创新的主导力量。企业创新种群关系表现为 R_2 的区域是整个区域中企业创新竞争最激烈的区域，该区域中的创新企业面临区域内和相邻区域的双重竞争压力。企业创新种群关系表现为 R_3 的区域是整个区域中的创新孤立区域，该区域内的创新企业内部种群关系、与相邻区域企业创新种群的生态学关系不显著。

第三节　实证分析

以华东地区为例进行实证分析。以"有研发活动的企业数"表示企业创新种群规模。华东地区各省市数据均选自历年各地统计年鉴。计量模型式（7-10）至式（7-12）回归结果分别对应表 7-1 至表 7-3。

表7-1　区域企业创新种群内部关系计量结果

区域	β_1	β_2	种群内部关系
上海	不显著	不显著	
山东	0.779（2.076）*	不显著	竞争大于协同
江苏	不显著	不显著	
安徽	1.294（2.546）**	不显著	协同大于竞争
江西	不显著	不显著	
浙江	3.378（3.924）***	-0.000（-3.352）***	协同大于竞争
福建	2.401（3.960）***	-0.000（-2.573）**	协同大于竞争

注：*、**、*** 分别表示在 10%、5%、1% 的水平上显著。括号内为 T 值。

表 7-1 表明，浙江、福建、安徽的企业创新种群内部关系表现为协同大于竞争。山东企业创新种群内部关系表现为竞争大于协同。其他地区的创新种群内部动力学特征不显著。

表7-2　区域企业创新种群受相邻区域影响计量结果

区域	相邻区域	β_1	β_2	种群间关系
上海	江苏、浙江	0.160（3.109）**	-0.000（-1.779）*	竞争
山东	江苏、安徽	不显著	不显著	
江苏	山东、安徽、浙江、上海	不显著	不显著	
安徽	山东、江苏、浙江、江西	不显著	0.000（1.868）*	
江西	安徽、浙江、福建	不显著	不显著	
浙江	安徽、江苏、上海、江西、福建	1.085（2.000）*	-0.000（-1.772）*	协同
福建	浙江、江西	不显著	不显著	

注：*、**、*** 分别表示在10%、5%、1% 的水平上显著。括号内为 T 值。

表7-2 表明相邻区域企业创新种群对浙江企业创新种群的影响表现为协同关系。相邻区域（江苏、浙江）企业创新种群对上海企业创新种群的影响表现为竞争关系。江苏、浙江两省经济发达，科技创新水平较高，企业创新能力较强，两地的企业创新种群对上海的企业创新种群形成了明显的竞争关系。

表7-3　企业创新种群对相邻区域种群的影响计量结果

区域	相邻区域	β_1	β_2	种群间关系
上海	江苏、浙江	不显著	不显著	
山东	江苏、安徽	不显著	不显著	
江苏	山东、安徽、浙江、上海	不显著	不显著	
安徽	山东、江苏、浙江、江西	15.009（2.763）**	不显著	协同
江西	安徽、浙江、福建	不显著	不显著	
浙江	安徽、江苏、上海、江西、福建	不显著	不显著	
福建	浙江、江西	9.697（2.600）**	-0.001（-2.243）*	协同

注：*、**、*** 分别表示在10%、5%、1% 的水平上显著。括号内为 T 值。

表7-3 表明，福建、安徽的企业创新种群对相邻区域企业创新种群的影响主要表现为协同效应。

华东地区各省市的企业创新种群呈现出不同的发展态势。在区域内部，企业创新种群表现为竞争大于协同或协同大于竞争关系，某些区域内企业创新种群互动关系不显著。有些区域（如浙江）的企业创新种群不仅可以充分利用区域内的创新资源实现企业协同创新，还可以充分利用相邻区域的创新资源。某些区域（如安徽、福建）企业创新种群内部互动关系不显著，但是能够对相邻区域的企业创新种群形成协同关系。以上海为代表的区域，其中的企业创新种群主要面临来自相邻区域的企业创新种群的竞争压力。

理论上，存在这样的区域，区域内的企业创新种群可以充分利用本区域与相邻区域的创新资源，实现协同创新。同时，该区域的企业创新种群对相邻区域的企业创新种群的影响也表现为协同关系。这样的区域可以看作是大环境中的创新核心区域。创新核心区域的小环境良好，并且能够推动整个区域内企业创新种群的协同创新。政府主管部门可以通过建设创新核心区域的方式推动整个区域的协同创新。华东地区的实证结果表明，浙江比较接近创新核心区域的要求。

第四节　基于灰色动力学模型的空间关联分析

学者们在使用 Logistic 动力学模型的时候，都是假定参数 N 在一定时期之内（如一年）是常数。而实际情况并非如此，在考虑种群的区域关联特征的时候，N 不是一个常数。企业创新种群的活动区域不局限于某一行政区域之内，跨区域的人才、资源、信息流动频繁，企业业务也不会局限于某一特定地区。因此，种群规模 N 的值具有灰色特征。

在研究企业创新种群成长与空间关联性时，研究种群动力学与灰色系统理论的结合，如利用灰关联分析种群特征[37,38]，利用灰色预测法预测种群规模[39]，利用灰色方法修正 Logistic 模型参数[40]。考虑种群空间分布的灰色特征，并用灰色方法来改造 Logistic 模型的研究比较少见。目前，灰色模型在种群空间关联研究中的应用较少，没有体现一定区域内种群规模的灰色性特征。本节利用灰色系统理论来重新定义种群规模，构造区域种群灰数，将 Logistic 模型改造为灰色 Logistic 模型。

用灰数 $\otimes$ 表示种群规模，D 为灰数 $\otimes$ 的连续覆盖，记为 $\forall\otimes\Rightarrow d^* \in D, D=[a,b]$。其中，$a$ 表示有流出且无流入时的种群规模，b 表示有流入且无流出时的种群规模。

第 i 地区的种群规模灰数可以表示为 $D_i=[a_i,b_i]$，与 i 相邻区域种群规模灰数可以表示为 $D'_i=[a'_i, b'_i]$。

为了方便问题的讨论，分析两类特殊情况（即 $D=a$、$D=b$），依此判断种群关系变化趋势。假定种群内企业流动率为10%。$D=a$ 时（只考虑有流出、无流入的情况），区域企业创新种群内部关系不变。区域企业创新种群受相邻区域影响、企业创新种群对相邻区域种群的影响均没有明显变化。篇幅所限，运算结果不再一一列举。

$D=b$ 时（只考虑有流入、无流出的情况），区域企业创新种群内部关系不变。区域企业创新种群受相邻区域影响、企业创新种群对相邻区域种群的影响均有细微变化。变化程度受到流动率的影响，流动率较大时，影响关系变化程度也较大。篇幅所限，本节仅以流动率为10%和30%时企业创新种群受相邻区域种群的影响为例，计量结果如表7-4、表7-5所示。

表7-4　区域企业创新种群受相邻区域影响计量结果(流动率为10%)

区域	相邻区域	β_1	β_2	种群间关系
上海	江苏、浙江	0.307(3.014)**	不显著	协同
山东	江苏、安徽	不显著	不显著	
江苏	山东、安徽、浙江、上海	不显著	不显著	
安徽	山东、江苏、浙江、江西	不显著	不显著	
江西	安徽、浙江、福建	不显著	不显著	
浙江	安徽、江苏、上海、江西、福建	1.385(2.364)**	-0.000(-1.914)*	协同
福建	浙江、江西	不显著	不显著	

注：*、**、*** 分别表示在10%、5%、1%的水平上显著。括号内为 T 值。

表7-4数据与表7-2数据相比有明显变化，这说明是否考虑种群规模的灰色性（动态变化）对分析结果是有影响的，尤其是在分析某区域企业创新种群与相邻区域企业创新种群之间的互动影响问题时。

表 7-5　区域企业创新种群受相邻区域影响计量结果（流动率为 30%）

区域	相邻区域	β_1	β_2	种群间关系
上海	江苏、浙江	0.728(2.210)**	不显著	协同
山东	江苏、安徽	0.781(1.680)**	不显著	协同
江苏	山东、安徽、浙江、上海	不显著	不显著	
安徽	山东、江苏、浙江、江西	不显著	0.000(1.868)*	
江西	安徽、浙江、福建	0.894(2.143)**	不显著	协同
浙江	安徽、江苏、上海、江西、福建	2.242(3.025)**	-0.000(-2.129)**	协同
福建	浙江、江西	1.662(1.830)*	不显著	协同

注：*、**、*** 分别表示在 10%、5%、1% 的水平上显著。括号内为 T 值。

表 7-5 表明，种群跨区域流动的数量可以显著影响两个相邻区域之间的竞争与协同关系，当流动率比较合适时，可以促进区域之间创新种群的协同发展。

第五节　结　论

不同区域的企业创新种群存在对创新资源的争夺。创新资源的丰富程度决定了区域内企业创新种群的竞争或协同关系。同时，创新资源也可以对相邻区域的企业创新种群产生影响。核心区域内的企业创新种群在创新生态系统的演进中发挥主导作用。以华东地区为例进行的实证分析表明，种群动力学方法可以有效地应用在企业创新种群区域关联性研究上。华东部分地区的企业创新种群的内部与种群间关系符合种群生态学的特征。创新种群的成长可以用种群动力学方法来进行研究。同时，研究也发现种群规模是一个变量，其具体的值具有灰色性，文中所构建的灰色动力学模型能够用来描述企业创新种群的实际问题。

第八章 基于三维Lotka-Volterra模型的创新生态系统均衡分析

第一节 三维 Lotka-Volterra 共生系统平衡发展分析

一、案例背景

    本节阐释三维 Lotka-Volterra 模型及其平衡状态，相关原理将被用来分析产业内竞争行为。本节选取比亚迪汽车、长城汽车和长安汽车作为研究对象。这三家企业拥有相同的细分市场，并且在该细分市场中名列前茅。三家企业的产品被视为三个产品种群，产品种群规模用各季度汽车产品销量来表示。三维 Lotka-Volterra 系统用于研究三个企业之间的共生和互动机制。汽车工业在中国国民经济中的地位不断提高，但同时也面临日益激烈和残酷的全球竞争。在机遇与挑战并存的今天，如何全面、正确、及时地评价汽车制造企业的竞争态势，以达到促进汽车产业持续健康发展的目的，已成为一个现实命题。汽车工业的发展水平在一定程度上取决于汽车制造水平。汽车制造企业以其产业链长、关联度高、驱动力强、各种高新技术融合等特点，已成为衡量一个国家产业水平、经济实力和技术创新能力的重要标志之一。

比亚迪股份有限公司成立于 1995 年，后在深圳证券交易所和香港证券交易所上市。其是国内新能源汽车制造龙头企业，其中汽车整车包括传统燃料汽车和新能源汽车。长城汽车股份有限公司是中国最大的 SUV 制造企业。它在香港 H 股上市，目前拥有哈弗、长城、WEY 三大品牌，产品涵盖 SUV、轿车、皮卡三大类，拥有四个整车生产基地，具备发动机、变速器等核心部件的自主配套能力。重庆长安汽车股份有限公司（简称长安汽车）有悠久的历史和丰富的汽车制造经验。

汽车销售具有明显的季节性特征，因此首先要得到平滑数据。本节采用四周期简单移动平均法对观测数据进行处理，后续研究主要以移动平均数据为基础。汽车销售数据来自相关企业网站的公共数据库，如表 8-1 所示。

表 8-1　汽车销售样本数据和季节平滑数据

时间	季度	样本数据			季节平滑数据		
		比亚迪	长城	长安	比亚迪	长城	长安
2020 年	3	98 819	182 765	225 284	92 732	173 252	184 340
	2	91 360	156 011	181 133	93 678	169 556	163 993
	1	59 659	106 427	121 559	96 856	173 549	148 508
2019 年	4	121 090	247 806	209 384	110 452	198 452	161 753
	3	102 602	167 978	143 895	119 314	211 231	144 593
	2	104 071	171 985	119 194	124 315	204 440	145 866
	1	114 044	206 038	174 539	125 858	197 640	152 508
2018 年	4	156 538	298 924	140 742	125 007	191 261	165 956
	3	122 607	140 812	148 988	118 849	183 444	194 455
	2	110 244	144 786	145 761	110 795	195 656	202 495
	1	110 639	180 523	228 332	106 187	202 382	197 748

时间	季度	样本数据			季节平滑数据		
		比亚迪	长城	长安	比亚迪	长城	长安
2017 年	4	131 904	267 655	254 739	101 197	212 539	203 302
	3	90 391	189 660	181 146	108 212	232 547	195 767
	2	91 812	171 689	126 775	115 218	23 8035	194 257
	1	90 681	221 152	250 547	119 637	241 703	197 278
2016 年	4	159 963	347 688	224 598	122 254	234 505	190 065
	3	118 414	211 612	175 106	116 883	200 851	182 063
	2	109 491	186 361	138 860	105 920	182 496	177 858
	1	101 149	192 358	221 696	104 079	173 141	189 035
2015 年	4	138 477	213 071	192 588	110 110	165 619	181 415
	3	74 562	138 192	158 287	110 433	151 124	166 541
	2	102 126	148 941	183 568	114 427	142 207	152 951
	1	125 273	162 271	191 218	114 969	127 553	132 417
2014 年	4	139 769	155 092	133 092	109 431	107 331	108 318
	3	90 540	102 524	103 924	108 174	88 897	94 418
	2	104 295	90 325	101 433	113 155	82 093	82 161
	1	103 121	81 384	94 823	116 615	75 343	71 124
2013 年	4	134 741	81 355	77 491	126 547	69 930	64 589
	3	110 464	75 308	54 898			
	2	118 133	63 325	57 283			
	1	142 851	59 733	68 684			

计量经济模型为

$$\begin{cases} g_1(t) = \gamma_{11}N_1(t-1) + \gamma_{12}N_1^2(t-1) + \gamma_{13}N_1(t-1)N_2(t-1) + \gamma_{14}N_1(t-1)N_3(t-1) \\ g_2(t) = \gamma_{21}N_2(t-1) + \gamma_{22}N_2^2(t-1) + \gamma_{23}N_2(t-1)N_1(t-1) + \gamma_{24}N_2(t-1)N_3(t-1) \\ g_3(t) = \gamma_{31}N_3(t-1) + \gamma_{32}N_3^2(t-1) + \gamma_{33}N_3(t-1)N_1(t-1) + \gamma_{34}N_3(t-1)N_2(t-1) \end{cases}$$

$$(8-1)$$

其中，$\gamma_{11} = \alpha_1$，一般来说，$\gamma_{11} > 0$，意味着种群内部的协同效应；$\gamma_{1i} = -\dfrac{\alpha_1}{K_i}$，

一般来说 $\gamma_{1i} < 0$，意味着种群内部的竞争效应，它被称为内部竞争系数或种群密度抑制系数。

三种群 Lotka-Volterra 模型的回归结果如表 8-2 所示。

表 8-2　三种群 Lotka-Volterra 模型的回归结果

$g_i(t)$	γ_{i1}	γ_{i2}	γ_{i3}	γ_{i4}
$g_1(t)$	-0.103(P=0.505)	2.823×10^{-7}(P=0.820)	-1.094×10^{-6}(P=0.011)	1.581×10^{-6}(P=0.004)
$g_2(t)$	-0.220(P=0.280)	-1.851×10^{-6}(P=0.002)	3.788×10^{-6}(P=0.025)	9.563×10^{-7}(P=0.175)
$g_3(t)$	0.773($P \leqslant 0.001$)	-2.314×10^{-6}(P=0.003)	-4.046×10^{-6}(P=0.019)	5.386×10^{-7}(P=0.326)

表 8-2 表明，回归效果不是很好，P 值较高，相关系数值不符合理论假设的要求。其中，α_1=-0.103，K_1=107 015；α_2=-0.220，K_2=206 861；α_3=0.773，K_3=185 888。为了解决上述问题，提升模型的有效性，本节提出了一种分步测量方法来降低测量模型的维数，具体步骤如下。

步骤1：根据单一种群成长模型计算 α_i 和 K_i。其计算结果如表 8-3 所示。

表 8-3　α_i 和 K_i 值的计算结果

变量	回归系数	变量	回归系数	变量	回归系数
α_1	0.181(P=0.109)	α_2	0.231(P=0.002)	α_3	0.301(P=0.001)
$-(\alpha_1/K_1)$	-1.697×10^{-6}(P=0.107)	$-(\alpha_2/K_2)$	-1.119×10^{-6}(P=0.003)	$-(\alpha_2/K_2)$	-1.621×10^{-6}(P=0.001)
K_1	107 015	K_2	206 861	K_3	185 888

表 8-3 表明，回归效果较好，符合理论假设的要求。将上述参数代入式（8-1）。

步骤2：将模型式（8-1）变形为如下形式。在变换后的方程中，等号左边是已知值，等号右边是等待求解的参数方程。

$$\begin{cases} g_1(t)-\gamma_{11}N_1(t-1)-\gamma_{12}N_1^2(t-1)=\gamma_{13}N_1(t-1)N_2(t-1)+\gamma_{14}N_1(t-1)N_3(t-1) \\ g_2(t)-\gamma_{21}N_2(t-1)-\gamma_{22}N_2^2(t-1)=\gamma_{23}N_2(t-1)N_1(t-1)+\gamma_{24}N_2(t-1)N_3(t-1) \\ g_3(t)-\gamma_{31}N_3(t-1)-\gamma_{32}N_3^2(t-1)=\gamma_{33}N_3(t-1)N_1(t-1)+\gamma_{34}N_3(t-1)N_2(t-1) \end{cases}$$

$$(8-2)$$

将 α_i 和 K_i 代入式（8-2），Y_i 的值可通过以下方程式获得，即

$$\begin{cases} Y_1 = g_1(t) - \gamma_{11}N_1(t-1) - \gamma_{12}N_1^2(t-1) \\ Y_2 = g_2(t) - \gamma_{21}N_2(t-1) - \gamma_{22}N_2^2(t-1) \\ Y_3 = g_3(t) - \gamma_{31}N_3(t-1) - \gamma_{32}N_3^2(t-1) \end{cases} \qquad (8\text{-}3)$$

式（8-3）给出了 Y_i 的值。该模型（式）可以继续计算种群之间关系的变量，得到一个新的计量经济模型，即

$$\begin{cases} Y_1 = \gamma_{13}N_1(t-1)N_2(t-1) + \gamma_{14}N_1(t-1)N_3(t-1) \\ Y_2 = \gamma_{23}N_2(t-1)N_1(t-1) + \gamma_{24}N_2(t-1)N_3(t-1) \\ Y_3 = \gamma_{33}N_3(t-1)N_1(t-1) + \gamma_{34}N_3(t-1)N_2(t-1) \end{cases} \qquad (8\text{-}4)$$

步骤 3：通过回归分析得到相关参数。本研究将方程中的 γ_{ij} 替换为 β_{ij} 和 K_i，然后通过回归运算得到 β_{ij} 的值，如表 8-4 所示。

表 8-4　相互作用系数的回归结果

交互因子	回归系数	P 值	显著性
β_{12}	-1.069	0.019	显著
β_{13}	0.944	0.037	显著
β_{21}	0.199	0.523	不显著
β_{23}	- 0.358	0.307	不显著
β_{31}	0.022	0.940	不显著
β_{32}	- 0.011	0.972	不显著

表 8-4 提供了回归结果，部分参数的回归系数不显著。这表明共生模型与现实世界中的理想状态存在差异。

步骤 4：将回归结果放入三种共生系统。其结果如下：

$$\begin{cases} g_1(t) = 0.181N_1(t-1) - \dfrac{0.181}{107\,015}N_1^2(t-1) + \dfrac{0.181 \times (-1.069)}{206\,861}N_1(t-1)N_2(t-1) + \dfrac{0.181 \times 0.944}{185\,888}N_1(t-1)N_3(t-1) \\ g_2(t) = 0.231N_2(t-1) - \dfrac{0.231}{206\,861}N_2^2(t-1) \\ g_3(t) = 0.301N_3(t-1) - \dfrac{0.301}{185\,888}N_3^2(t-1) \end{cases}$$

$$(8\text{-}5)$$

通过观察式（8-5）我们可以发现，这是一个典型的不对称三种群共生模型。产品组 2（长城汽车）对产品组 1（比亚迪汽车）具有竞争（负面）

影响，而产品组 3（长安汽车）对产品组 1（比亚迪汽车）具有合作（正面）影响。为了理解这一共生系统的相互作用机制，我们将从三种群均衡发展和三种群动态博弈的角度来分析其演化。

二、共生系统平衡发展分析

三种群平衡系统可通过修改实际系统，即式（8-5）获得，则有

$$
\begin{cases}
g_1(t) = 0.181N_1 - \dfrac{0.181}{107\,015}N_1^2 + \dfrac{0.181 \times \beta_{12}}{206\,861}N_1N_2 + \dfrac{0.181 \times \beta_{13}}{185\,888}N_1N_3 \\[2mm]
g_2(t) = 0.231N_2 - \dfrac{0.231}{206\,861}N_2^2 + \dfrac{0.231 \times \beta_{21}}{107\,015}N_2N_1 + \dfrac{0.231 \times \beta_{23}}{185\,888}N_2N_3 \\[2mm]
g_3(t) = 0.301N_3 - \dfrac{0.301}{185\,888}N_3^2 + \dfrac{0.301 \times \beta_{31}}{107\,015}N_3N_1 + \dfrac{0.301 \times \beta_{32}}{206\,861}N_3N_2
\end{cases}
\tag{8-6}
$$

三种群共生系统的平衡点为

$$
\begin{cases}
g_1(t) = 0.181N_1 - \dfrac{0.181}{107\,015}N_1^2 + \dfrac{0.181 \times \beta_{12}}{206\,861}N_1N_2 + \dfrac{0.181 \times \beta_{13}}{185\,888}N_1N_3 = 0 \\[2mm]
g_2(t) = 0.231N_2 - \dfrac{0.231}{206\,861}N_2^2 + \dfrac{0.231 \times \beta_{21}}{107\,015}N_2N_1 + \dfrac{0.231 \times \beta_{23}}{185\,888}N_2N_3 = 0 \\[2mm]
g_3(t) = 0.301N_3 - \dfrac{0.301}{185\,888}N_3^2 + \dfrac{0.301 \times \beta_{31}}{107\,015}N_3N_1 + \dfrac{0.301 \times \beta_{32}}{206\,861}N_3N_2 = 0
\end{cases}
\tag{8-7}
$$

等效变化可通过以下方式获得

$$
\begin{cases}
N_1 - \dfrac{1}{107\,015}N_1^2 + \dfrac{\beta_{12}}{206\,861}N_1N_2 + \dfrac{\beta_{13}}{185\,888}N_1N_3 = 0 \\[2mm]
N_2 - \dfrac{1}{206\,861}N_2^2 + \dfrac{\beta_{21}}{107\,015}N_2N_1 + \dfrac{\beta_{23}}{185\,888}N_2N_3 = 0 \\[2mm]
N_3 - \dfrac{1}{185\,888}N_3^2 + \dfrac{\beta_{31}}{107\,015}N_3N_1 + \dfrac{\beta_{32}}{206\,861}N_3N_2 = 0
\end{cases}
\tag{8-8}
$$

将方程两边同时除以 N_i（$i=1,2,3$）可得

$$
\begin{cases}
1 - \dfrac{1}{107\,015}N_1 + \dfrac{\beta_{12}}{206\,861}N_2 + \dfrac{\beta_{13}}{185\,888}N_3 = 0 \\[2mm]
1 - \dfrac{1}{206\,861}N_2 + \dfrac{\beta_{21}}{107\,015}N_1 + \dfrac{\beta_{23}}{185\,888}N_3 = 0 \\[2mm]
1 - \dfrac{1}{185\,888}N_3 + \dfrac{\beta_{31}}{107\,015}N_1 + \dfrac{\beta_{32}}{206\,861}N_2 = 0
\end{cases}
\tag{8-9}
$$

通过对方程进行等价变换，可得到以下公式：

$$\begin{cases} N_1 = 107\,015 + \dfrac{107\,015}{206\,861}\beta_{12}N_2 + \dfrac{107\,015}{185\,888}\beta_{13}N_3 = 107\,015 + 0.517\beta_{12}N_2 + 0.575\beta_{13}N_3 \\[2mm] N_2 = 206\,861 + \dfrac{206\,861}{107\,015}\beta_{21}N_1 + \dfrac{206\,861}{185\,888}\beta_{23}N_3 = 206\,861 + 1.933\beta_{21}N_1 + 1.112\beta_{23}N_3 \\[2mm] N_3 = 185\,888 + \dfrac{185\,888}{107\,015}\beta_{31}N_1 + \dfrac{185\,888}{206\,861}\beta_{32}N_2 = 185\,888 + 1.737\beta_{31}N_1 + 0.898\beta_{32}N_2 \end{cases}$$

$$(8\text{-}10)$$

通过将上述共生关系代入 MCGP 模型，得到以下结果：

目标函数：$\mathrm{Min}\sum_{i=1}^{n}(d_i^+ + d_i^-) + \sum_{i=1}^{n}(e_i^+ + e_i^-)$

约束条件：

$$\begin{cases} g_i = f_i(x) + d_i^- - d_i^+,\quad i = 1,2,\cdots,n \\[1mm] x \in X, X = \{x_1, x_2, \cdots, x_m\} \\[1mm] X \in F\ (F\ \text{是解的可行集}) \\[1mm] g_{i,\max} = g_i + e_i^- - e_i^+,\quad i = 1,2,\cdots,n \\[1mm] g_{i,\min} \leqslant g_i, g_i \leqslant g_{i,\max},\quad i = 1,2,\cdots,n \\[1mm] e_i^+, e_i^-, d_i^+, d_i^- \geqslant 0,\quad i = 1,2,\cdots,n \\[1mm] N_1 = 107\,015 + \dfrac{107\,015}{206\,861}\beta_{12}N_2 + \dfrac{107\,015}{185\,888}\beta_{13}N_3 = 107\,015 + 0.517\beta_{12}N_2 + 0.575\beta_{13}N_3 \\[2mm] N_2 = 206\,861 + \dfrac{206\,861}{107\,015}\beta_{21}N_1 + \dfrac{206\,861}{185\,888}\beta_{23}N_3 = 206\,861 + 1.933\beta_{21}N_1 + 1.112\beta_{23}N_3 \\[2mm] N_3 = 185\,888 + \dfrac{185\,888}{107\,015}\beta_{31}N_1 + \dfrac{185\,888}{206\,861}\beta_{32}N_2 = 185\,888 + 1.737\beta_{31}N_1 + 0.898\beta_{32}N_2 \\[2mm] -1 < \beta_{ij} < 1, i = 1,2,3, j = 1,2,3 \\[1mm] \sum g_i = K\ (K\ \text{是市场容量}) \end{cases}$$

$$(8\text{-}11)$$

使用 LINGO 软件解决以上问题。平衡共生模型的 β_{ij} 值优化结果如表 8-5 所示。

表8-5　平衡共生模型的β_{ij}值优化结果

	市场规模 (K)						
	499 764	550 000	600 000	650 000	700 000	750 000	800 000
β_{12}	0.000	0.000	0.000	0.000	0.181	0.181	0.186
β_{13}	0.000	0.000	0.000	0.000	0.181	0.181	0.186
β_{21}	0.000	0.000	0.181	0.181	0.171	0.181	0.188
β_{23}	0.000	0.067	0.302	0.113	0.000	0.104	0.188
β_{31}	0.000	0.181	0.000	0.181	0.181	0.181	0.188
β_{32}	0.000	0.000	0.000	0.181	0.181	0.181	0.188

表8-5表明，随着市场规模的扩大，需要更多的种群之间的合作行为。合作行为是全面的，合作强度相似，不是越大越好，企业间的合作强度接近均衡。

三、三种群进化和战略分析

为了说明三种群博弈的演化趋势，本节选取了以下几种具有代表性的共生关系进行数据模拟。

（1）全面合作：三家企业采取相互合作的战略行为（$\beta=0.5$）。

（2）全面竞争：三家企业采取相互竞争的战略行为（$\beta=-0.5$）。

（3）两个强势企业的合作：它们之间的交互系数为0.5，同时，对第三方企业采取竞争战略，互动系数为 -0.5。在本研究中，长城汽车和长安汽车是相对强势的企业。

（4）两个弱势企业的合作：它们之间的交互系数为0.5，同时，对第三方企业采取竞争战略，互动系数为 -0.5。在本研究中，长城汽车和比亚迪汽车属于相对弱势的企业。

（5）孤立模式：三家企业互不影响，各自发展。

（6）简单寄生模式：一个企业得到另外两个企业的帮助。以比亚迪为例，说明了简单寄生模式。

（7）恶意寄生模式：一个企业从另外两个企业获得帮助，并对其进行竞争活动。

数据模拟结果的统计特征如表 8-6 所示。

表 8-6　种群增长的统计特征

项目		平均值	最小值	最大值	标准差
观测值移动 平均值	比亚迪	-1 252	-13 596	10 963	5 905
	长城	3 827	-24 903	33 654	12 998
	长安	4 435	-28 499	24 099	12 482
模式 1：全面合作	比亚迪	15 913	3 670	21 587	4 730
	长城	87 556	28 181	136 006	30 826
	长安	99 109	33 222	132 616	29 681
模式 2：全面竞争	比亚迪	-18 402	-27 006	-9 392	5 284
	长城	-6 162	-26 034	10 289	10 990
	长安	-1 425	-20 039	14 733	9 779
模式 3：两个强势 企业的合作	比亚迪	-18 402	-27 006	-9 392	5 284
	长城	18 031	6 366	25 217	5 132
	长安	24 399	13 589	32 455	4 818
模式 4：两个弱势 企业的合作	比亚迪	-1 368	-4 288	2 015	1 522
	长城	63 363	17 184	100 071	23 527
	长安	-1 425	-20 039	14 733	9 779
模式 5：孤立模式	比亚迪	-1 245	-4 181	2 113	1 655
	长城	40 697	17 404	55 833	10 586
	长安	48 842	21 408	61 194	11 001
模式 6：简单寄生 模式	比亚迪	15 913	3 670	21 587	4 820
	长城	40 697	17 404	55 833	10 788
	长安	48 842	21 408	61 194	11 210
模式 7：恶意寄生 模式	比亚迪	15 913	3 670	21 587	4 820
	长城	5 935	-9 270	17 031	7 864
	长安	11 487	-3 225	23 357	7 080

表 8-6 表明，在不同的模型下，模拟数据存在显著差异。本节将对仿真结果进行比较和评价。

四、模型评估

本节首先采用评估矩阵来进行评价，基于理想解与模拟数据的相似性，

对不同模式下的种群增长进行评价。相似性越高，种群生长越好。评估矩阵为 A，即

$$A = \left[a_{ij} \right]_{27 \times 3} \tag{8-12}$$

本研究采用熵权法确定评价中三个种群的权重，采用理想解相似度排序技术（Technique for Order Preference by Similarity to an Ideal Solution, TOPSIS）对相似度进行评价。三个种群的理想尺度（最大尺度）可以作为评价三种群 Lotka-Volterra 系统的三个标准。熵权法具体步骤：假设 m 是决策问题的备选方案（$A_1, A_2, \cdots, A_m$），n 是准则（$C_1, C_2, \cdots, C_n$），那么初始决策矩阵为

$$A = \begin{bmatrix} a_{11} & a_{12} & \cdots & a_{1n} \\ a_{21} & a_{22} & \cdots & a_{2n} \\ \vdots & \vdots & & \vdots \\ a_{m1} & a_{m2} & \cdots & a_{mn} \end{bmatrix} = \left[a_{ij} \right]_{m \times n} \tag{8-13}$$

步骤 1：构建规范化评估矩阵 R，即

$$R = [r_{ij}], \ r_{ij} = \frac{a_{ij}}{\sqrt{\sum_{i=1}^{m} a_{ij}^2}} \tag{8-14}$$

步骤 2：计算熵，即

$$e_j = -\frac{1}{\ln m} \sum_{i=1}^{m} r_{ij} \ln r_{ij}, \ j = 1, 2, \cdots, n \tag{8-15}$$

步骤 3：计算权重，即

$$w_j = \frac{1 - e_j}{\sum_{i=1}^{n} (1 - e_j)}, \ j = 1, 2, \cdots, n \tag{8-16}$$

根据示例中的数据计算：

$w_1 = 0.346$，$w_2 = 0.325$，$w_3 = 0.329$。

使用 TOPSIS 进行计算的步骤如下所示。

步骤 1：构建规范化评估矩阵 R，可参考式（8-14）。

步骤 2：构建加权归一化矩阵 V，即

$$v_{ij} = w_j r_{ij}, \sum_{j=1}^{n} w_j = 1 \tag{8-17}$$

其中，w_j 是第 j 个标准的权重。

步骤 3：计算 $\boldsymbol{A}^+$ 和 $\boldsymbol{A}^-$。

$\boldsymbol{A}^+$ 和 $\boldsymbol{A}^-$ 按以下方式定义：

$$
\begin{aligned}
\boldsymbol{A}^+ &= \left\{(\max v_{ij}|j \in J) \text{ 或 } \boldsymbol{A}^+(\min v_{ij}|j \in J')\right\}, i=1,2,\cdots,m \\
&= \left\{v_1^+, v_2^+, \cdots, v_n^+\right\}
\end{aligned} \tag{8-18}
$$

$$
\begin{aligned}
\boldsymbol{A}^- &= \left\{(\min v_{ij}|j \in J) \text{ 或 } \boldsymbol{A}^-(\max v_{ij}|j \in J')\right\}, i=1,2,\cdots,m \\
&= \left\{v_1^-, v_2^-, \cdots, v_n^-\right\}
\end{aligned} \tag{8-19}
$$

从而确定正理想解（Positive Ideal Solution, PIS）和负理想解（Negative Ideal Solution, NIS）。其中，J 和 J' 分别是效益和成本标准集。

步骤 4：计算每个备选方案与 PIS 和 NIS 的距离，即

$$
S_i^+ = \sqrt{\sum_{j=1}^n \left(v_{ij} - v_j^+\right)^2}, \ i=1,2,\cdots,m \tag{8-20}
$$

$$
S_i^- = \sqrt{\sum_{j=1}^n \left(v_{ij} - v_j^-\right)^2}, \ i=1,2,\cdots,m \tag{8-21}
$$

步骤 5：对备选方案的顺序进行排序，即

$$
C_i^+ = \frac{S_i^-}{S_i^+ + S_i^-}, 0 < C_i^+ < 1, \ i=1,2,\cdots,m \tag{8-22}
$$

其中，$C_i^+ \in [0,1]$，$i=1,2,\cdots,m$。

因此，应以 C_i^+ 的顺序找到最佳替代方案。C_i^+ 的值越大越好。如果 C_i^+ 接近于 1，则备选 A_i 更接近 PIS。

TOPSIS 结果如表 8-7 所示。

表 8-7　TOPSIS 结果

共生模式	β_{12}	β_{13}	β_{21}	β_{23}	β_{31}	β_{32}	C_i^+	排名
移动平均值	-1.069	0.944	0	0	0	0	0.229	7
全面合作（模式 1）	0.5	0.5	0.5	0.5	0.5	0.5	0.714	1
全面竞争（模式 2）	-0.5	-0.5	-0.5	-0.5	-0.5	-0.5	0.160	8
强强联合（模式 3）	-0.5	-0.5	-0.5	0.5	-0.5	0.5	0.297	5
弱弱联合（模式 4）	0.5	-0.5	0.5	-0.5	-0.5	-0.5	0.389	4
孤立（模式 5）	0	0	0	0	0	0	0.451	3
简单寄生（模式 6）	0.5	0.5	0	0	0	0	0.469	2
恶意寄生（模式 7）	0.5	0.5	-0.5	0	-0.5	0	0.281	6

表 8-7 表明，本节可以成功得到不同模式下种群的评价排名。对三种群共生系统而言，全面合作模式（模式 1）是最好的共生模式，全面竞争模式（模式 2）是最差的共生模式。在全面合作模式下，三家企业可以占据更大的市场份额，在市场细分方面具有一定的优势，合作可以增强核心竞争力。三家企业可以通过建立战略联盟、产品开发合作，甚至价格串通来巩固其市场地位。

简单寄生模式（模式 6）优于恶意寄生模式（模式 7）。弱弱联合模式优于强强联合模式。简单寄生模式优于弱弱联合模式和强强联合模式，合作行为总是优于竞争行为。合作行为越多越好，竞争行为越少越好。

利用经典的 Lotka-Volterra 模型讨论了两个种群的共生关系。随着相关研究的广泛开展，两种群模型已难以解决实际问题，学者们开始关注三种群竞争双稳态解。他们证明了行波的渐近行为，并构造了一类类似于波前的整体解。Liu 等发现了三种群竞争扩散系统的扩散特性，这是非合作的，是无界域上三种群竞争系统的一个重要理论结果。上述研究人员是三种群 Lotka-Volterra 模型的先驱。目前的研究主要集中于三种群 Lotka-Volterra 模型的数学分析、可行解及其条件。三种群 Lotka-Volterra 模型的实证和应用研究刚刚起步。本节为三种群的 Lotka-Volterra 共生分析提供了一个可行的分析范式，是一次有意义的尝试。

产业创新生态系统的演化是一个复杂的过程。本书研究的模型、方法和数据比较简单。产业创新生态系统的演化在组织演化、科技、经济发展、创新文化、创新政策等方面是复杂的，而一个更深入的研究过程需要考虑上述复杂因素的影响。研究者需要总结产业创新生态系统的演化特征，如创造性、多样性、依赖性、环境选择性和自组织性。本书并未探讨行业和企业发展的生命周期特征。根据生态系统生命周期理论，后续研究需要深入探索产业创新生态系统的演化过程，确定四个演化阶段（萌芽阶段、成长阶段、稳定阶段和衰退阶段），并分析每个阶段的主要特征。在产业创新生态系统的形成、运行和演化过程中，我们会遇到许多风险问题，包括风险识别、风险管理和风险控制。在未来的研究中，研究者应加强对产业创新生态系统运行和演化过程的管理，降低风险，严格控制系统风险的发生。我们可以量化系统的运行过程和演化过程，并建立评分和管理系统，这将有助于控制系统风险。在案例研究方面，我们应该适当选择汽车产业以外的产业来研究产业创新生态系统，如电信业、服装业和食品业。根据不同产业的特点，探索不同产业创新生态系统的形成和发展规律，拓展研究领域。

第二节　变换样本多维灰色 Lotka-Volterra 拓展模型实证分析案例

一、案例模型背景

企业要想在激烈的市场竞争中占据主导地位，就必须对现有数据进行深入分析，这些数据的信息具有一定的灰色特征。本节提出了一种复合三维灰色 Lotka-Volterra 模型，对原始数据进行灰色变换。灰色变换后的数据具有较好的模拟精度，同时可以减少原始数据的观测噪声。基于三维灰色 Lotka-Volterra 模型的竞争态势分析可以帮助企业了解市场状况。本节以中国大陆奢侈品牌汽车市场为例，进行竞争分析和均衡发展模拟。结果表明，该方法可以有效地进行市场竞争分析。

20 世纪 90 年代以后，经济全球化进程明显加快。汽车产业作为全球领先的典型产业之一，其全球化主要表现为两个相互关联的鲜明特征。一是汽车产业链，包括投资、研发、生产、采购、销售、售后服务等主要环节的配置日益全球化。例如，过去，跨国公司在自己的国家建立和维持研究和开发机构，以复制的方式投资于目标国家市场，而现在它们已经开发出一种将职能活动和能力分配给全球市场的方法。这导致了新的专业分工合作模式的出现，尤其是汽车装配企业与零部件企业的分离趋势。越来越多的跨国公司参与零件制造。以合同为纽带的零部件企业与整车装配企业之间的网络组织结构日益明显。汽车制造企业零部件的全球采购和零部件行业的国际化模糊了汽车产品的"民族特色",使其成为典型的全球产品。二是大型汽车企业之间的大规模重组。20 世纪 90 年代以来,由于全球汽车产能过剩,安全、排放、节能法规日益严格,全球汽车产业结构调整步伐明显加快。许多发达国家的汽车公司通过扩张、整合和兼并,增强了竞争力。汽车产业全球化趋势对包括中国在内的发展中国家的汽车产业发展和产业政策产生了深刻影响。中国作为世界人口大国,经济正在崛起,随着人民收入水平的不断提高和消费结构的升级,中国已成为世界上最具潜力的新兴市场。改善消费环境将成为将公众对汽车的潜在需求转化为实际需求、促进经济增长的重要举措。目前,我国已初步形成了相对独立的汽车生产体系。大国产业支持的市场优势、劳动力质量和成本优势、规模优势正在逐步显现。随着全球汽车制造跨国公司的进入和国内汽车企业的发展,中国已成为世界重要的汽车制造基地。虽然中国的汽车市场正在蓬勃发展,但奢侈品牌汽车市场主要由外国制造商垄断。分析奢侈品牌汽车市场的竞争态势和均衡,有助于理解中国汽车市场的运行机制。

任何产业系统的发展都会受到自身成长能力和资源环境的制约,因此产业系统的演化过程是有限的、有规律的。几乎所有行业都将遵循周期规律,并将经历从诞生到增长到成熟再到衰退的过程。同样,这个行业的发展也不应该是无限的。由于行业自身和外部条件的限制,也存在增长受限的问题。如果将一个产业系统视为一个生态系统,那么该产业中的企业可以视为其中的种群。创新企业种群动力学模型主要关注种群数量的变化,其变化规律基于生物种群数量的非线性增长规律。自然界中许多物种都是非线性增长的,种群非线性增长现象也很普遍。因此,在一定区域的市场环境、产业政策和发展资源的影响下,企业种群可能会发生快速变化。

种群内部的竞争和协调机制也是一个重要因素,该设置基于生物种群的种内竞争原则。自然生物种群之间存在竞争,种群越多,竞争就越激烈。种群内的竞争具有调节种群规模的功能。创新种群中也存在一定的竞争机制,这将在一定程度上抑制创新种群的过度扩张。因此,种群内竞争实际上是创新种群实现适者生存的过程之一。这一机制也应该成为创新种群增长模式的重要组成部分。Lotka-Volterra 模型是研究种群间相互作用机制的主要方法,被成功地推广到社会经济系统的研究领域,用来解释组织之间的竞争行为。该模型广泛应用于产业竞争、企业竞争、市场竞争和产品竞争的研究领域。

基于数据特征而言，社会经济系统也是一个灰色系统。灰色系统理论是研究和解决具有不确定信息的某一系统（即灰色系统）的方法。灰色系统是介于黑色系统和白色系统之间的一个系统，它包含已知和未知信息。灰色系统中包含的信息称为灰色信息。在社会、经济和生态的抽象系统中，研究者应将一般控制论、系统论和信息论的观点和方法推广到这些抽象系统中，并作出合理的解释。灰色系统理论为解决不完备信息系统的相关问题建立了一套理论和方法，在实际应用中具有很大的发展潜力。灰色系统理论是以灰色系统为研究对象，用特定的方法来描述和控制灰色系统的一种新理论。实际上，该理论是研究灰色系统的白化问题，即从系统的角度研究如何利用现有的已知信息预测未来的未知信息。其实质是运用灰色系统理论的思想和方法对抽象现象进行量化，对相关数据进行分析，并对未来进行定量预测和控制，从而完成系统分析。GM（1,1）模型在灰色系统理论中有着广泛的应用。

经典的 GM（1,1）模型不能用于二元社会经济系统。考虑到复杂的关系相互影响，有必要对这些关系进行分析。然而，目前灰色 Lotka-Volterra 模型的应用主要讨论两个种群之间的关系和种群规模的预测，而不涉及 Lotka-Volterra 模型的均衡分析。

本节研究内容和安排如下：

（1）构建基于 GM（1,1）模型的复合灰色变换系统，对原始数据进行变换。

（2）利用三维灰色 Lotka-Volterra 系统模型分析企业群体之间的影响机制。

（3）建立企业均衡竞争状态的多选择目标规划模型，提出一种改进的灰色 GM（1,1）预测模型。

（4）基于三维灰色 Lotka-Volterra 系统分析三家企业之间的竞争关系。

（5）将多目标规划方法引入灰色 Lotka-Volterra 模型的均衡分析中。

二、方法和数据

本节研究探讨灰色 Lotka-Volterra 系统内种群之间的竞争关系。本研究中使用的灰色方法对 Lotka-Volterra 系统进行改进。灰色预测是一种基于 GM（1,1）基本模型的方法，用于预测不确定和不完整的信息系统，以确定元素在某个数字序列中的未来动态状况。获得 GM（1,1）模型的过程如下。

设原始数据为 $X^{(0)}$，则

$$X^{(0)} = \left\{ x^{(0)}(1), x^{(0)}(2), \cdots, x^{(0)}(n) \right\} \tag{8-23}$$

设累计增长数据（Accumulated Generating Operation, AGO）为 $X^{(1)}(k)$，则

$$\begin{cases} X^{(1)}(k) = \sum_{i=1}^{k} X^{(0)}(i), \ k=1,2,3,\cdots,n \\ X^{(0)} = \left\{ x^{(0)}(1), x^{(0)}(2), x^{(0)}(3), \cdots, x^{(0)}(n) \right\} \end{cases} \tag{8-24}$$

所以 GM(1,1) 模型为

$$X^{(0)}(k) + aX^{(1)}(k) = b \tag{8-25}$$

基于模型原始形式和式（8-25）的参数估计称为原始差分灰色模型（Original Difference Grey Model，ODGM）。在 GM(1,1) 模型中，应首先用普通最小二乘法计算参数 a 和参数 b。实践表明，该模型的模拟效果较好，也是一种常用的灰色模型，其中

$$\begin{cases} X^{(0)}(k) + az^{(1)}(k) = b \\ z^{(1)}(k) = \dfrac{x^{(1)}(k) + x^{(1)}(k+1)}{2} \\ k=1,2,3,\cdots,n-1 \end{cases} \tag{8-26}$$

估计出参数 a 和参数 b 后，可以得到以下预测模型：

$$\hat{X}^{(1)}(k+1) = \left[X^{(0)}(1) - \frac{b}{a} \right] e^{-ak} + \frac{b}{a} \tag{8-27}$$

基于逆累积生成操作，可以获得以下结果：

$$X^{(0)}(k+1) = X^{(1)}(k+1) - X^{(1)}(k) = \left[X^{(0)}(1) - \frac{b}{a} \right] e^{-ak}(1-e^{a}), \ k=1,2,3,\cdots,n-1 \tag{8-28}$$

　　新信息优先原则是灰色系统的基本原则之一，许多学者利用这一原理对灰色 GM(1,1) 模型进行优化，但新信息的优先性需要理论证明。由于传统灰色 GM(1,1) 模型中最新信息的优先级无法直观比较，为了充分利用原始数据，本节构建了一种基于信息熵权重的复合 GM(1,1) 灰色数据模型。本节研究了中国大陆奢侈品牌汽车市场三大制造商的季度销售额。采用灰色模型对观测数据进行变换，以获取更丰富的研究信息。本节案例针对汽车销售数据的特点，考虑原始数据的灰色性和销售数据的季节性特点，构建了复合灰色数据序列 $X^{(CG)}(k)$，即

$$X^{(CG)}(k) = w_1 X^{(0)}(k) + w_2 X^{(1)}(k) + w_3 X^{(S)}(k) \tag{8-29}$$

其中，$X^{(S)}(k)$ 是季节平滑数据序列；w_i 是熵权。

　　本节案例研究中将 Lotka-Volterra 系统的平衡条件嵌入 MCGP 模型中，以获得 Lotka-Volterra MCGP 模型，即

目标函数：$\mathrm{Min}\sum_{i=1}^{n}(d_i^+ + d_i^-) + \sum_{i=1}^{n}(e_i^+ + e_i^-)$

约束条件：

$$\begin{cases} g_i = f_i(x) + d_i^- - d_i^+, \quad i = 1, 2, \cdots, n \\ x \in X, X = \{x_1, x_2, \cdots, x_m\} \\ X \in F \quad (F \text{ 是解的可行集}) \\ g_{i,\max} = g_i + e_i^- - e_i^+, \quad i = 1, 2, \cdots, n \\ g_{i,\min} \leqslant g_i, g_i \leqslant g_{i,\max}, \quad i = 1, 2, \cdots, n \\ d_i^+, d_i^-, e_i^+, e_i^- \geqslant 0, \quad i = 1, 2, \cdots, n \\ g_1(t) = \dfrac{\mathrm{d}N_1(t)}{\mathrm{d}t} = \alpha_1 N_1 \left(1 - \dfrac{N_1}{K_1} + \dfrac{\beta_{12} N_2}{K_2} + \dfrac{\beta_{13} N_3}{K_3}\right) \\ g_2(t) = \dfrac{\mathrm{d}N_2(t)}{\mathrm{d}t} = \alpha_2 N_2 \left(1 - \dfrac{N_2}{K_2} + \dfrac{\beta_{21} N_1}{K_1} + \dfrac{\beta_{23} N_3}{K_3}\right) \\ g_3(t) = \dfrac{\mathrm{d}N_3(t)}{\mathrm{d}t} = \alpha_3 N_3 \left(1 - \dfrac{N_3}{K_3} + \dfrac{\beta_{31} N_1}{K_1} + \dfrac{\beta_{32} N_2}{K_2}\right) \\ -1 < \beta_{ij} < 1, \quad i = 1, 2, 3, \ j = 1, 2, 3 \\ \sum g_i = K \ (K \text{ 是市场容量}) \end{cases} \tag{8-30}$$

　　作为目标规划的一种线性形式，嵌入 Lotka-Volterra 均衡的多选择目标规划（LV-MCGP）可以通过任何通用软件轻松解决。

三、实证分析

2021 年，中国大陆奢侈品牌汽车销量再次实现强劲增长。根据中国乘用车市场信息联席会提供的国内汽车零售数据，2020 年国内豪华车市场销量 279 万辆，同比增长 19.9%。2018—2020 年，中国汽车市场销量连续三年下降。狭义的国内新乘用车销量分别下降 3.9%、9.2% 和 6.3%。然而，同期豪华汽车销量分别增长 17.6%、11.7% 和 19.9%。在乘用车市场信息车联合会的批发名单中，奥迪获得了销售冠军。2020 年，奥迪、梅赛德斯 - 奔驰和宝马分别销售 638 000、619 000 和 609 000 款国产车型。ABB（分别代表奥迪、奔驰和宝马）将贡献总计 186.6 万辆，占豪华汽车市场的 67%。第一集团三大豪华车品牌之间的竞争日趋激烈。2020 年，中国豪华车消费市场实现了强劲增长，成为全球汽车市场的焦点。2023 年，全球汽车豪华车制造商将更加关注和依赖中国市场。随着疫苗交付的积极进展，全球经济将进入修复期，与 2020 年相比，中国经济发展的不确定性将大大降低。预计 2023 年，中国豪华车市场将保持强劲增长。本书将基于复合灰色变换获得的数据，分析三大主要豪华车品牌的市场竞争。

2018 年，宝马集团完成了其在华晨宝马汽车有限公司 (简称华晨宝马) 中股份比例的变更。75% 的股权意味着，无论何时，宝马集团出售宝马汽车都将获得比梅赛德斯 - 奔驰和奥迪更高的利润，因此在竞争中处于更有利的地位。高达 75% 的持股比例也意味着宝马集团在中国市场的投资得到保证，车型引进速度将加快。自 2021 年起，华晨宝马第三工厂扩建后，华晨宝马在中国大陆的产能迅速提升至年产 80 万辆的水平。此外，自从纯电动汽车问世以来，宝马 i 系列新产品基本可以实现与国际市场同步销售。宝马汽车销售的灰色变换数据如表 8-8 所示。

表 8-8 宝马汽车销售的灰色变换数据

时间	$X^{(0)}(k)$	$X^{(S)}(k)$	$X^{(1)}(k)$	$X^{(CG)}(k)$	时间	$X^{(0)}(k)$	$X^{(S)}(k)$	$X^{(1)}(k)$	$X^{(CG)}(k)$
2016-1	27 663								
2016-2	13 103		24 175		2016-5	24 192	23 417	25 288	24 299
2016-3	24 324	21 697	24 541	23 520	2016-6	25 693	23 874	25 670	25 079
2016-4	21 736	19 721	24 912	22 123	2016-7	24 802	24 896	26 058	25 252

时间	$X^{(0)}(k)$	$X^{(S)}(k)$	$X^{(1)}(k)$	$X^{(CG)}(k)$	时间	$X^{(0)}(k)$	$X^{(S)}(k)$	$X^{(1)}(k)$	$X^{(CG)}(k)$
2016-8	28 124	26 206	26 452	26 927	2018-11	51 460	45 341	39 658	45 486
2016-9	30 709	27 878	26 852	28 480	2018-12	41 815	46 733	40 257	42 935
2016-10	25 276	28 036	27 257	26 857	2019-1	53 289	48 855	40 865	47 670
2016-11	31 125	29 037	27 669	29 277	2019-2	32 929	42 678	41 483	39 030
2016-12	26 461	27 621	28 087	27 390	2019-3	49 482	45 233	42 110	45 608
2017-1	31 586	29 724	28 512	29 941	2019-4	49 945	44 119	42 746	45 603
2017-2	26 287	28 111	28 943	27 780	2019-5	46 602	48 676	43 392	46 223
2017-3	32 279	30 051	29 380	30 570	2019-6	42 315	46 287	44 048	44 217
2017-4	34 835	31 134	29 824	31 931	2019-7	45 710	44 876	44 713	45 100
2017-5	31 505	32 873	30 275	31 551	2019-8	47 644	45 223	45 389	46 085
2017-6	27 566	31 302	30 732	29 867	2019-9	49 631	47 662	46 075	47 789
2017-7	30 050	29 707	31 197	30 318	2019-10	48 862	48 712	46 771	48 115
2017-8	32 888	30 168	31 668	31 575	2019-11	53 951	50 815	47 478	50 748
2017-9	34 496	32 478	32 147	33 040	2019-12	52 577	51 797	48 195	50 856
2017-10	30 420	32 601	32 632	31 885	2020-1	48 432	51 653	48 924	49 670
2017-11	38 097	34 338	33 126	35 187	2020-2	8 039	36 349	49 663	31 350
2017-12	35 548	34 688	33 626	34 621	2020-3	43 263	33 245	50 414	42 307
2018-1	43 524	39 056	34 134	38 905	2020-4	56 204	35 835	51 175	47 738
2018-2	24 968	34 680	34 650	31 433	2020-5	57 903	52 457	51 949	54 103
2018-3	35 569	34 687	35 174	35 143	2020-6	46 597	53 568	52 734	50 966
2018-4	36 233	32 257	35 705	34 732	2020-7	63 596	56 032	53 531	57 720
2018-5	35 516	35 773	36 245	35 844	2020-8	65 558	58 584	54 340	59 494
2018-6	31 644	34 464	36 792	34 300	2020-9	56 350	61 835	55 161	57 782
2018-7	33 820	33 660	37 348	34 943	2020-10	47 166	56 358	55 994	53 173
2018-8	36 698	34 054	37 913	36 222	2020-11	61 219	54 912	56 840	57 657
2018-9	37 638	36 052	38 486	37 392	2020-12	54 834	54 406	57 699	55 647
2018-10	46 925	40 420	39 067	42 138	2021-1	73 333	63 129	58 571	65 011

表 8-8 表明,灰色变换过程很容易实现。熵权根据示例中的数据计算:w_1=0.333, w_2=0.333, w_3=0.333。结果表明,原始数据、季节平滑数据和 GM(1,1)数据在信息熵的评价上没有差异,也表明灰色变换的信息保真度较高。梅赛德斯 - 奔驰于 2021 推出了新一代 S 级轿车。由于 S-Class 始终是奔驰家族新设计语言的领导者,这意味着梅赛德斯 - 奔驰从 2021 开始再次掀起了产品升级浪潮。其销售的灰色变换数据如表 8-9 所示。

表 8-9 梅赛德斯-奔驰销售的灰色变换数据

时间	$X^{(0)}(k)$	$X^{(S)}(k)$	$X^{(1)}(k)$	$X^{(CG)}(k)$	时间	$X^{(0)}(k)$	$X^{(S)}(k)$	$X^{(1)}(k)$	$X^{(CG)}(k)$
2016-1	29 256								
2016-2	17 716		27 301		2018-8	40 005	41 685	40 322	40 671
2016-3	23 837	23 603	27 659	25 033	2018-9	43 970	41 798	40 849	42 206
2016-4	23 304	21 619	28 020	24 314	2018-10	31 922	38 632	41 384	37 313
2016-5	25 970	24 370	28 387	26 242	2018-11	15 419	30 437	41 925	29 260
2016-6	27 693	25 656	28 758	27 369	2018-12	49 530	32 290	42 474	41 431
2016-7	25 009	26 224	29 135	26 789	2019-1	56 231	40 393	43 030	46 551
2016-8	25 205	25 969	29 516	26 897	2019-2	39 595	48 452	43 593	43 880
2016-9	24 333	24 849	29 902	26 361	2019-3	55 157	50 328	44 163	49 883
2016-10	24 279	24 606	30 293	26 393	2019-4	46 252	47 001	44 741	45 998
2016-11	29 394	26 002	30 690	28 695	2019-5	49 952	50 454	45 326	48 577
2016-12	34 582	29 418	31 091	31 697	2019-6	47 544	47 916	45 919	47 126
2017-1	42 077	35 351	31 498	36 309	2019-7	49 561	49 019	46 520	48 367
2017-2	33 862	36 840	31 910	34 204	2019-8	50 366	49 157	47 129	48 884
2017-3	31 042	35 660	32 327	33 010	2019-9	51 327	50 418	47 745	49 830
2017-4	34 613	33 172	32 750	33 512	2019-10	47 790	49 828	48 370	48 662
2017-5	37 440	34 365	33 179	34 995	2019-11	49 653	49 590	49 003	49 415
2017-6	34 555	35 536	33 613	34 568	2019-12	50 396	49 280	49 644	49 773
2017-7	37 205	36 400	34 053	35 886	2020-1	44 411	48 153	50 293	47 619
2017-8	35 521	35 760	34 498	35 260	2020-2	11 295	35 367	50 951	32 538
2017-9	37 495	36 740	34 950	36 395	2020-3	48 589	34 765	51 618	44 991
2017-10	34 484	35 833	35 407	35 241	2020-4	52 806	37 563	52 293	47 554
2017-11	36 936	36 305	35 870	36 370	2020-5	58 431	53 275	52 977	54 895
2017-12	41 518	37 646	36 340	38 501	2020-6	52 510	54 582	53 671	53 588
2018-1	56 306	44 920	36 815	46 014	2020-7	55 720	55 554	54 373	55 215
2018-2	33 564	43 796	37 297	38 219	2020-8	55 241	54 490	55 084	54 939
2018-3	43 051	44 307	37 785	41 714	2020-9	63 008	57 990	55 805	58 934
2018-4	44 006	40 207	38 279	40 831	2020-10	53 964	57 404	56 535	55 968
2018-5	44 589	43 882	38 780	42 417	2020-11	62 451	59 808	57 275	59 844
2018-6	43 631	44 075	39 287	42 331	2020-12	60 624	59 013	58 024	59 220
2018-7	41 420	43 213	39 801	41 478	2021-1	68 412	63 829	58 783	63 675

表 8-9 表明，梅赛德斯 - 奔驰销售数据的灰色变换很容易实现。与宝马的数据类似，w_1=0.333，w_2=0.333，w_3=0.333。结果表明，原始数据、季节平滑数据和 GM（1,1）数据在信息熵的评价上没有差异，也表明灰色变换的信息保真度较高。

奥迪正竭尽全力巩固其在中国豪华汽车市场的领先地位。到 2020 年底，奥迪已成为中国第一个拥有两大汽车生产和销售合资企业的豪华车品牌，这意味着奥迪再次加速了豪华汽车的销售战。2021 年 1 月，奥迪与中国第一汽车集团吉林省新能源汽车合资公司签订了合同，一期工厂计划投资 300 亿元，奥迪和大众集团持有新公司 60% 的股权。新投资和新持股比例有助于奥迪在未来 10 年锁定竞争优势。其销售的灰色变换数据如表 8-10 所示。

表 8-10　奥迪汽车销售的灰色变换数据

时间	$X^{(0)}(k)$	$X^{(S)}(k)$	$X^{(1)}(k)$	$X^{(CG)}(k)$	时间	$X^{(0)}(k)$	$X^{(S)}(k)$	$X^{(1)}(k)$	$X^{(CG)}(k)$
2016-1	55 285								
2016-2	32 994		41 006		2017-3	41 506	40 423	44 333	42 087
2016-3	49 537	45 939	41 253	45 576	2017-4	42 444	37 548	44 599	41 530
2016-4	47 440	43 324	41 501	44 088	2017-5	44 406	42 785	44 868	44 020
2016-5	46 644	47 874	41 751	45 423	2017-6	43 717	43 522	45 138	44 126
2016-6	44 011	46 032	42 002	44 015	2017-7	48 232	45 452	45 409	46 364
2016-7	43 746	44 800	42 255	43 600	2017-8	52 377	48 109	45 683	48 723
2016-8	45 512	44 423	42 509	44 148	2017-9	59 382	53 330	45 957	52 890
2016-9	46 075	45 111	42 765	44 650	2017-10	51 994	54 584	46 234	50 937
2016-10	43 193	44 927	43 022	43 714	2017-11	57 294	56 223	46 512	53 343
2016-11	54 789	48 019	43 281	48 696	2017-12	30 889	46 726	46 792	41 469
2016-12	27 063	41 682	43 542	37 429	2018-1	62 741	50 308	47 074	53 374
2017-1	51 069	44 307	43 804	46 393	2018-2	32 883	42 171	47 357	40 804
2017-2	28 694	35 609	44 067	36 123	2018-3	53 557	49 727	47 642	50 309

时间	$X^{(0)}(k)$	$X^{(S)}(k)$	$X^{(1)}(k)$	$X^{(CG)}(k)$	时间	$X^{(0)}(k)$	$X^{(S)}(k)$	$X^{(1)}(k)$	$X^{(CG)}(k)$
2018-4	46 422	44 287	47 929	46 213	2019-9	62 283	57 086	53 075	57 481
2018-5	45 402	48 460	48 217	47 360	2019-10	63 301	60 250	53 394	58 982
2018-6	41 759	44 528	48 507	44 931	2019-11	65 684	63 756	53 715	61 052
2018-7	38 753	41 971	48 799	43 174	2019-12	60 546	63 177	54 039	59 254
2018-8	55 781	45 431	49 093	50 102	2020-1	53 888	60 039	54 364	56 097
2018-9	61 015	51 850	49 388	54 084	2020-2	8 105	40 846	54 691	34 547
2018-10	46 988	54 595	49 685	50 423	2020-3	34 753	32 249	55 020	40 674
2018-11	51 842	53 282	49 984	51 703	2020-4	55 626	32 828	55 351	47 935
2018-12	52 881	50 570	50 285	51 245	2020-5	56 473	48 951	55 684	53 703
2019-1	50 987	51 903	50 588	51 159	2020-6	56 588	56 229	56 019	56 279
2019-2	30 295	44 721	50 892	41 969	2020-7	58 893	57 318	56 356	57 522
2019-3	48 821	43 368	51 198	47 796	2020-8	60 629	58 703	56 695	58 676
2019-4	40 334	39 817	51 506	43 886	2020-9	72 298	63 940	57 037	64 425
2019-5	37 320	42 158	51 816	43 765	2020-10	63 998	65 642	57 380	62 340
2019-6	50 666	42 773	52 128	48 522	2020-11	66 756	67 684	57 725	64 055
2019-7	53 808	47 265	52 442	51 171	2020-12	50 301	60 352	58 072	56 242
2019-8	55 166	53 213	52 757	53 712	2021-1	80 008	65 688	58 422	68 039

表 8-10 实现了奥迪销售数据的灰色变换。本节采用平均绝对百分比误差（Mean Absolute Percent Error，MAPE）指数来评价灰色变换的效果，即：

$$MAPE = \frac{1}{n}\sum_{k=1}^{n}\left|\frac{A_k - F_k}{A_k}\right| \times 100\% \tag{8-31}$$

其中，A_k 是观测值；F_k 是预测值。

三大奢侈品牌汽车复合预测模型的灰色变换误差如表 8-11 所示。

表 8-11 灰色变换误差

企业名称	$X^{(S)}(k)$	$X^{(1)}(k)$	$X^{(CG)}(k)$
宝马	14.970%	7.647%	5.786%
梅赛德斯 - 奔驰	12.908%	10.586%	6.629%
奥迪	17.627%	11.735%	8.400%

表 8-11 表明，复合预测模型的预测效果很好。宝马汽车的复合预测模型数据的误差（5.786%）小于季节平滑模型的误差（14.970%）和灰色预测模型的误差（7.647%）。梅赛德斯 - 奔驰和奥迪也有类似的误差表现。宝马的预测误差小于梅赛德斯 - 奔驰和奥迪的预测误差。

因此，基于三维 Lotka-Volterra 模型的原始数据及灰色变换数据的竞争分析如表 8-12、表 8-13 所示。

表 8-12 基于三维 Lotka-Volterra 模型的原始数据竞争分析

$N_i(t)$	γ_{i1}	γ_{i2}	γ_{i3}	γ_{i4}
$N_1(t)$	$1.385(P \leqslant 0.001)$	$-6.059 \times 10^{-6}(P=0.176)$	$5.580 \times 10^{-6}(P=0.184)$	$-7.078 \times 10^{-6}(P=0.087)$
$N_2(t)$	$1.448(P \leqslant 0.001)$	$-8.841 \times 10^{-6}(P=0.145)$	$7.653 \times 10^{-6}(P=0.173)$	$-7.316 \times 10^{-6}(P=0.051)$
$N_3(t)$	$1.757(P \leqslant 0.001)$	$-2.196 \times 10^{-5}(P \leqslant 0.001)$	$5.881 \times 10^{-6}(P=0.225)$	$3.164 \times 10^{-6}(P=0.494)$

表 8-12 表明，基于三维 Lotka-Volterra 模型的原始数据回归方程的拟合效果比较好，多数变量的回归系数是显著的。可见，$\alpha_1=-0.385$，$K_1=63\ 605$；$\alpha_2=-0.448$，$K_2=50\ 707$；$\alpha_3=0.757$，$K_3=34\ 489$。

表 8-13 基于三维 Lotka-Volterra 模型的灰色变换数据竞争分析

$N_i(t)$	γ_{i1}	γ_{i2}	γ_{i3}	γ_{i4}
$N_1(t)$	$1.212(P \leqslant 0.001)$	$-2.814 \times 10^{-6}(P=0.462)$	$5.048 \times 10^{-6}(P=0.174)$	$-5.885 \times 10^{-6}(P=0.057)$
$N_2(t)$	$1.297(P \leqslant 0.001)$	$-6.856 \times 10^{-6}(P=0.102)$	$8.649 \times 10^{-6}(P=0.037)$	$-6.810 \times 10^{-6}(P=0.017)$
$N_3(t)$	$1.407(P \leqslant 0.001)$	$-1.398 \times 10^{-5}(P \leqslant 0.001)$	$4.073 \times 10^{-6}(P=0.331)$	$3.232 \times 10^{-6}(P=0.420)$

表 8-13 表明，灰色模型数据的回归效果良好。而且，灰色系统的回归效果要优于原始数据的回归效果。灰色系统与原始数据的回归结果不同，但其影响系数的正负号以及所反映的共生关系是相同的。其中，$\alpha_1 = 0.212$，$K_1 = 75\,601$；$\alpha_2 = 0.297$，$K_2 = 43\,347$；$\alpha_3 = 0.407$，$K_3 = 29\,156$。

基于三维 Lotka-Volterra 模型的共生系统如下：

$$
\begin{cases}
g_1(t) = 0.212 N_1 \left(1 - \dfrac{N_1}{75\,601} + \dfrac{\beta_{12} N_2}{43\,347} + \dfrac{\beta_{13} N_3}{29\,156}\right) \\[2mm]
g_2(t) = 0.297 N_2 \left(1 - \dfrac{N_2}{43\,347} + \dfrac{\beta_{21} N_1}{75\,601} + \dfrac{\beta_{23} N_3}{29\,156}\right) \\[2mm]
g_3(t) = 0.407 N_3 \left(1 - \dfrac{N_3}{29\,156} + \dfrac{\beta_{31} N_1}{75\,601} + \dfrac{\beta_{32} N_2}{43\,347}\right)
\end{cases}
\tag{8-32}
$$

三种群共生系统的平衡点如下：

$$
\begin{cases}
g_1(t) = 0.212 N_1 - \dfrac{0.212 N_1^2}{75\,601} + \dfrac{0.212 \beta_{12} N_1 N_2}{43\,347} + \dfrac{0.212 \beta_{13} N_1 N_3}{29\,156} = 0 \\[2mm]
g_2(t) = 0.297 N_2 - \dfrac{0.297 N_2^2}{43\,347} + \dfrac{0.297 \beta_{21} N_1 N_2}{75\,601} + \dfrac{0.297 \beta_{23} N_3 N_2}{29\,156} = 0 \\[2mm]
g_3(t) = 0.407 N_3 - \dfrac{0.407 N_3^2}{29\,156} + \dfrac{0.407 \beta_{31} N_1 N_3}{75\,601} + \dfrac{0.407 \beta_{32} N_2 N_3}{43\,347} = 0
\end{cases}
\tag{8-33}
$$

通过方程式变换可得

$$
\begin{cases}
N_1 - \dfrac{N_1^2}{75\,601} + \dfrac{\beta_{12} N_1 N_2}{43\,347} + \dfrac{\beta_{13} N_1 N_3}{29\,156} = 0 \\[2mm]
N_2 - \dfrac{N_2^2}{43\,347} + \dfrac{\beta_{21} N_1 N_2}{75\,601} + \dfrac{\beta_{23} N_3 N_2}{29\,156} = 0 \\[2mm]
N_3 - \dfrac{N_3^2}{29\,156} + \dfrac{\beta_{31} N_1 N_3}{75\,601} + \dfrac{\beta_{32} N_2 N_3}{43\,347} = 0
\end{cases}
\tag{8-34}
$$

方程两边同时除以 $N_i (i=1,2,3)$ 可得

$$
\begin{cases}
1 - \dfrac{N_1}{75\,601} + \dfrac{\beta_{12} N_2}{43\,347} + \dfrac{\beta_{13} N_3}{29\,156} = 0 \\[2mm]
1 - \dfrac{N_2}{43\,347} + \dfrac{\beta_{21} N_1}{75\,601} + \dfrac{\beta_{23} N_3}{29\,156} = 0 \\[2mm]
1 - \dfrac{N_3}{29\,156} + \dfrac{\beta_{31} N_1}{75\,601} + \dfrac{\beta_{32} N_2}{43\,347} = 0
\end{cases}
\tag{8-35}
$$

通过对方程进行等价变换，可得到以下公式：

$$\begin{cases} N_1 = 75\,601 + \dfrac{75\,601\beta_{12}N_2}{43\,347} + \dfrac{75\,601\beta_{13}N_3}{29\,156} \\[2mm] N_2 = 43\,347 + \dfrac{43\,347\beta_{21}N_1}{75\,601} + \dfrac{43\,347\beta_{23}N_3}{29\,156} \\[2mm] N_3 = 29\,156 + \dfrac{29\,156\beta_{31}N_1}{75\,601} + \dfrac{29\,156\beta_{32}N_2}{43\,347} \end{cases} \tag{8-36}$$

化简可得

$$\begin{cases} N_1 = 75\,601 + 1.744\beta_{12}N_2 + 2.593\beta_{13}N_3 \\ N_2 = 43\,347 + 0.573\beta_{21}N_1 + 1.487\beta_{23}N_3 \\ N_3 = 29\,156 + 0.386\beta_{31}N_1 + 0.672\beta_{32}N_2 \end{cases} \tag{8-37}$$

将以上关系嵌入 MCGP 模型可得

目标函数：$\mathrm{Min} \sum_{i=1}^{n}(d_i^+ + d_i^-) + \sum_{i=1}^{n}(\mathrm{e}_i^+ + \mathrm{e}_i^-)$

约束条件：

$$\begin{cases} g_i = f_i(x) + d_i^- - d_i^+, \quad i = 1,2,\cdots,n \\ x \in X, X = \{x_1, x_2, \cdots, x_m\} \\ X \in F\ (F\ \text{是解的可行集}) \\ g_{i,\max} = g_i + \mathrm{e}_i^- - \mathrm{e}_i^+, \quad i = 1,2,\cdots,n \\ g_{i,\min} \leqslant g_i, g_i \leqslant g_{i,\max}, \quad i = 1,2,\cdots,n \\ \mathrm{e}_i^+, \mathrm{e}_i^-, d_i^+, d_i^- \geqslant 0, \quad i = 1,2,\cdots,n \\ N_1 = 75601 + 1.744\beta_{12}N_2 + 2.593\beta_{13}N_3 \\ N_2 = 43347 + 0.573\beta_{21}N_1 + 1.487\beta_{23}N_3 \\ N_3 = 29156 + 0.386\beta_{31}N_1 + 0.672\beta_{32}N_2 \\ -1 < \beta_{ij} < 1, i = 1,2,3,\ j = 1,2,3 \\ \sum g_i = K\ (K\ \text{是市场容量}) \end{cases} \tag{8-38}$$

使用 LINGO 软件解决以上问题。平衡共生模型 β_{ij} 值优化结果如表 8-14 所示。

表8-14 平衡共生模型 β_{ij} 值优化结果

	市场规模 (K)					
	150 000	180 000	210 000	240 000	270 000	300 000
β_{12}	0.000	0.079	0.316	0.167	0.212	0.237
β_{13}	0.000	0.182	0.181	0.181	0.216	0.252
β_{21}	0.000	0.049	0.181	0.211	0.257	0.287
β_{23}	0.000	0.181	0.181	0.229	0.259	0.297
β_{31}	0.000	0.000	0.181	0.184	0.204	0.220
β_{32}	0.000	0.000	0.181	0.185	0.207	0.226

表8-14表明，随着市场规模的扩大，需要更多的人群之间的合作行为。合作行为是全面的，合作强度相似，越大越好。

第三节 结 论

利用三家中国本土汽车企业的销售数据，成功构建了三维 Lotka-Volterra 模型。通过三种群系统分析发现，汽车企业之间存在共生关系，可以采用三种群 Lotka-Volterra 模型来分析企业之间的竞争与合作。通过对共生系统的平衡发展分析，得出了三种群平衡状态下的共生优化结果，即三个种群的增长可能达到平衡。三种群进化分析表明，合作行动优于竞争战略，该方法在企业竞争战略分析中更具实用性。研究结果表明，该方法对于分析企业群体的竞争、演化和均衡发展是可行和有效的。研究企业之间的关系对于企业制订战略决策具有重要意义。未来的研究可以用三种群 Lotka-Volterra 模型分析企业间竞争的生命周期。

为了分析经济系统中各变量之间的关系，提高 GM（1,1）预测的性能，提出了三维灰色 Lotka-Volterra 系统。实证结果表明，三维灰色 Lotka-Volterra 的 MAPE 值的灰色变换效应在数值方面是非常精确的。与 GM（1,1）

相比，本研究中使用的三维灰色 Lotka-Volterra 模型提供了更准确的预测性能。灰色变换数据与三维 Lotka-Volterra 模型相结合，可以挖掘某一系统中种群之间的关系。因此，该方法适用于数据有限的情况下预测竞争产品之间的关系。对中国豪华汽车市场的实证分析充分证明了该方法的有效性和适应性。

与传统的灰色模型相比，三维灰色 Lotka-Volterra 模型能够很好地描述人口增长机制，该模型更适合于社会经济生态系统的研究。与传统的 Lotka-Volterra 模型相比，三维灰色 Lotka-Volterra 模型具有更高的精度。与灰色 Lotka-Volterra 模型、灰色 Logistic 模型和三维 Lotka-Volterra 模型相比，三维灰色 Lotka-Volterra 模型更适用。基于三维灰色 Lotka-Volterra 模型的案例分析充分证明了该方法的准确性和适用性。三维灰色 Lotka-Volterra 模型可以有效地处理数据不足和数据缺失问题，当难以进行回归分析时，可以使用该模型进行处理。

第九章 基于种群共生机制的创新生态系统仿真

　　行业层面的竞争状况分析一直主导着基于事实的理解和预测公司绩效的工作。这种主导地位源于产业经济学中结构（Structure）—行为（Conduct）—绩效（Performance）范式（SCP）的中心地位。这种观点认为，企业战略的管理行为（进入、差异化、定价等）受到行业条件的严格限制，因此限制了任何企业的能力，使其表现明显不同于其所在行业的平均水平。所讨论的行业条件主要与阻碍公司进入或离开行业，或在竞争对手和替代产品之间切换的障碍有关，这些障碍可能是财务或战略障碍。SCP 观点对战略管理的影响令人沮丧，管理层没有进一步的决策。这一观点得到了一个事实的支持，即在任何持续的时间内，企业都无法超越行业平均水平、超额盈利能力而被竞争淘汰。为了尝试一种新视角下的企业种群共生机制研究，本章在前文研究的基础上构建系统动力学仿真模型。系统动力学仿真模型以种群共生机制为核心内涵，模型中变量间的关系基于种群共生关系进行表达。这种表达方法摆脱了传统的 SCP 分析框架的束缚。

第一节　共享经济视阈下智能制造企业创新种群间共生模型

一、创新种群间共生基模

在自然生态系统和社会经济生态系统中，相关种群聚集在一起形成群落。种群间关系也可以表述为群落内种群间关系。为了能够模拟种群间不同共生策略对种群和群落发展的影响，首先要构建一个反映群落中种群互动机制的系统动力学基模。以汽车及其相关企业群落为例进行共享经济视阈下智能制造企业创新种群间共生模型构建。汽车及其相关企业群落共生模型系统流程图如图 9-1 所示；仿真数据误差表如表 9-1 所示。

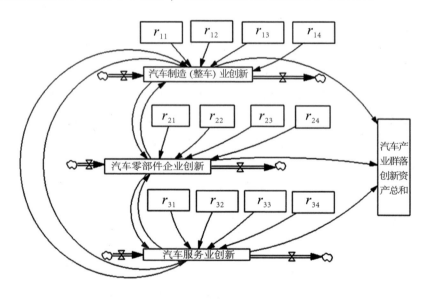

图 9-1　汽车及其相关企业群落共生模型系统流程图

模型中变量之间的关系由多维种群动力学的计量模型给出，系统中的初始值用原始数据代入。系统动力学模型的仿真优度由模型仿真值与原始数据之间的误差来判断。本节采用 MAPE 指数来评价仿真模型的效果，其中：

$$MAPE=\frac{1}{n}\sum_{k=1}^{n}\left|\frac{A_k-F_k}{A_k}\right|\times100\% \tag{9-1}$$

表 9-1　仿真数据误差表

仿真周期	仿真数据 / 亿元				*MAPE* / %			
	汽车制造业	汽车零部件企业	汽车服务业	总和	汽车制造业	汽车零部件企业	汽车服务业	总和
2022-3-31	771	331	173	1 275	22	11	20	11
2021-12-31	747	332	173	1 252	20	10	18	10
2021-9-30	722	333	174	1 229	20	11	17	9
2021-6-30	698	334	174	1 206	18	11	15	8
2021-3-31	674	335	174	1 183	16	11	14	7
2020-12-31	649	336	175	1 160	15	12	14	6
2020-9-30	625	337	175	1 137	13	11	13	5
2020-6-30	601	338	176	1 115	11	9	13	4
2020-3-31	577	339	177	1 093	11	7	12	5
2019-12-31	553	340	177	1 070	11	5	12	6
2019-9-30	529	340	178	1 047	10	4	12	6
2019-6-30	506	340	179	1 025	10	4	12	5
2019-3-31	483	339	179	1 001	10	3	10	5
2018-12-31	461	338	179	978	8	3	11	4
2018-9-30	439	333	179	951	7	3	12	3
2018-6-30	418	326	178	922	5	4	13	2
2018-3-31	398	301	176	875	3	12	15	1
2017-12-31	380	283	172	835	2	17	12	4
2017-9-30	363	264	168	795	1	23	8	7
2017-6-30	347	244	162	753	1	21	4	7

续表

仿真周期	仿真数据 / 亿元				MAPE / %			
	汽车制造业	汽车零部件企业	汽车服务业	总和	汽车制造业	汽车零部件企业	汽车服务业	总和
2017-3-31	333	225	155	713	1	19	0	6
2016-12-31	322	209	147	678	1	14	0	5
2016-9-30	311	197	139	647	1	6	1	2
2016-6-30	303	189	131	623	2	8	1	3
2016-3-31	296	186	123	605	2	7	3	2
2015-12-31	290	191	116	597	0	0	0	0
仿真周期内 MAPE/%					8	9	10	5

表 9-1 表明，汽车产业创新群落的系统动力学仿真效果比较好，平均绝对百分比误差最高为汽车服务种群的 10%，而群落创新资产总和的误差最小（5%）。本书的前期研究基础表明，种群动力学模型及其拓展模型可以有比较好的预测效果，将种群动力学模型嵌入系统动力学模型可以规避种群动力学维度限制的难题。

二、创新种群间共生策略仿真

共生策略仿真从全面协作、全面竞争和种群战略联盟三个方面展开。

（1）全面协作策略：在基模中对所有共生因子施加每个周期一个微小的正的增量（2.5×10^{-6}）。

（2）全面竞争策略：在基模中对所有共生因子施加每个周期一个微小的负的增量（-2.5×10^{-6}）。

（3）种群战略联盟策略：在整个群落中两个相对弱势的种群之间实施联盟策略，同时对强势种群实施步调一致的竞争策略。

在本章的仿真中，汽车零部件企业种群和汽车服务业种群之间采取协同发展的战略联盟，汽车零部件企业种群和汽车服务业种群对汽车制造业种群均采取竞争策略。协作模式中对所有共生因子施加每个周期一个微小的正的增量（2.5×10^{-6}）。竞争模式中对所有共生因子施加每个周期一个微小的负的增量（-2.5×10^{-6}）。系统策略仿真中的微小值是通过多次尝试确定的。一方面，微小值及其累积效应要能够对系统的产出产生显著的影响；另一方面，微小值及其累积效应不能使系统值出现溢出现象（超出仿真系统的边界），仿真结果如表9-2所示。

表9-2　创新种群间共生策略的仿真结果　　单位：亿元

模拟周期	协同				竞争				联盟			
	汽车制造业	汽车零部件企业	汽车服务业	总和	汽车制造业	汽车零部件企业	汽车服务业	总和	汽车制造业	汽车零部件企业	汽车服务业	总和
0	290	191	116	597	290	191	116	597	290	191	116	597
1	295	186	123	604	295	186	123	604	295	186	123	604
2	302	189	131	622	302	188	131	621	302	189	131	622
3	312	196	139	647	310	196	139	645	310	196	139	645
4	323	211	147	681	320	208	146	674	320	209	147	676
5	336	228	157	721	330	222	153	705	331	224	154	709
6	352	249	164	765	342	238	159	739	343	242	161	746
7	371	271	171	813	355	255	164	774	356	261	167	784
8	392	295	177	864	369	271	167	807	370	279	171	820
9	416	317	182	915	383	284	169	836	385	296	175	856
10	442	337	186	965	379	294	170	843	400	310	177	887
11	472	354	189	1 015	410	300	170	880	415	320	178	913
12	504	367	192	1 063	424	303	169	896	430	326	178	934
13	540	378	194	1 112	436	302	167	905	445	330	178	953
14	578	388	195	1 161	448	300	165	913	459	331	178	968
15	620	396	197	1 213	459	296	163	918	473	331	177	981

续表

模拟周期	协同				竞争				联盟			
	汽车制造业	汽车零部件企业	汽车服务业	总和	汽车制造业	汽车零部件企业	汽车服务业	总和	汽车制造业	汽车零部件企业	汽车服务业	总和
16	666	404	199	1 269	469	291	161	921	486	329	176	991
17	715	412	201	1 328	479	285	159	923	498	327	175	1 000
18	769	421	203	1 393	487	279	157	923	509	324	174	1 007
19	828	431	206	1 465	494	274	155	923	520	321	173	1 014
20	892	442	209	1 543	501	268	153	922	530	318	172	1 020
21	962	454	213	1 629	506	262	152	920	539	315	171	1 025
22	1038	468	216	1 722	511	257	150	918	547	312	170	1 029
23	1122	484	221	1 827	514	252	148	914	554	309	169	1 032
24	1215	502	226	1 943	517	247	147	911	560	306	168	1 034
25	1318	522	231	2 071	519	242	145	906	565	303	167	1 035
26	1431	545	238	2 214	521	237	144	902	569	300	166	1 035
27	1558	571	245	2 374	521	232	142	895	573	297	166	1 036
28	1699	601	253	2 553	521	228	141	890	576	294	165	1 035
29	1859	635	262	2 756	520	224	140	884	577	291	164	1 032
30	2039	674	273	2 986	519	220	139	878	578	289	163	1 030
31	2245	720	285	3 250	517	216	138	871	579	286	162	1 027
32	2482	773	300	3 555	515	212	137	864	578	283	162	1 023

表 9-2 表明，在全面协作策略下，不同种群的成长趋势都非常显著，战略联盟策略下的种群成长优于全面竞争策略下的种群成长。

第二节 共享经济视阈下智能制造企业共生模型

一、智能制造企业共生系统动力学基模

以汽车制造企业种群为例进行共享经济视阈下智能制造企业创新种群共生模型构建，系统流程图如图 9-2 所示。

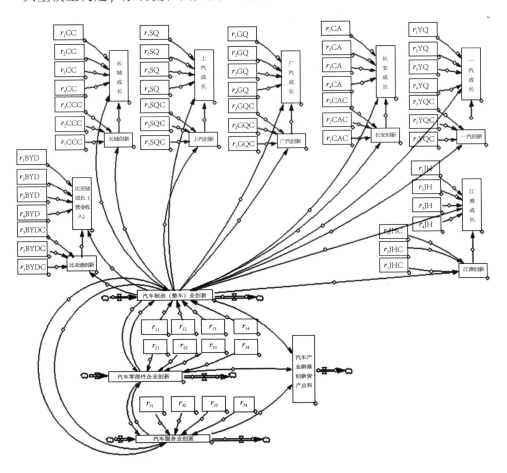

图 9-2 汽车制造企业创新种群共生系统流程图

二、智能制造企业共生系统动态行为的模式与结构

创新生态系统的变化有多种形式，我们周围动态变化的种类非常多，因此会设想一定有相应的大量不同反馈结构来解释这些不同的动态变化。实际上，大多数动态只是少数几种基本行为模式的不同组合，如指数增长方式或振荡。动态系统中最基本的行为模式是指数增长、寻的和振荡，其中每种模式都产生于简单的反馈结构。

指数增长产生于正反馈结构，寻的行为产生于负反馈结构，振荡产生于回路中带有实质的负反馈结构。其他基本的行为模式包括 S 形增长、带有过度调整（超调）并崩溃的 S 形增长，它们是由基本反馈结构的非线性相互作用产生的。指数增长由正反馈结构产生，数量越大，其净增长越大，进一步增加数量，并导致更快的增长。典型的例子是复利和人口增长。

寻的行为是由负反馈回路产生、增长、放大、偏移，并且加强变化，或者由负反馈回路寻求平衡、均衡和停滞产生的。负反馈回路追求将系统状态带到目标状态或理想状态，寻的行为抵制任何将系统状态偏离目标的扰动。系统的状态与目标相比较，如果在实际状态和目标之间有差异，系统将采取纠偏行动，将系统状态带回目标状态。

振荡由负反馈回路引起，系统状态同其目标相比，采取纠偏行动以消除差异。在一个振荡系统中，系统状态持续调整，过高逆转，然后又调整过低，依此类推。超调是由于负反馈回路中有显著时间延迟所产生的。时间延迟导致纠偏行动在系统达到目标状态后，仍然继续迫使系统调整过度，并且引发反方向的新的纠偏。振荡是动态系统行为模式中最常见的一种，有多种类型，包括减幅、振荡、有限循环和混沌。每种类型的振荡，在其核心都存在带延迟的负反馈回路。

其他更复杂的行为模式是由这些结构彼此的非线性相互作用引起的。如上所述，实际数量不可能永远增长或衰减，最终一个或多个约数将使增长停止。在动态系统中，一个常见的行为模式是 S 形增长，最初是指数型的，然后逐渐减缓，直到系统状态达到均衡水平，曲线的形状像一个伸展的 S 形。为了理解 S 形增长背后的结构，可以使用承载能力这个生态学概念。

任何一个种群栖息地的承载能力是由它能支持的特定类型的生物数量、环境可用的资源和种群所需的资源决定的。当种群接近其承载能力时，个体平均资源降低，因而净增长的比例下降，直到刚好有足够的平均资源来平衡出生和死亡。在该点净增长速率为零，种群达到平衡。系统的状态持续增长，但是以一个较慢的速度增长到资源刚好缺乏而停止。通常一个种群可能依赖于许多资源，其中每个都能产生限制增长的负反馈回路，而最有约束力的限制决定了哪一个负反馈回路将在系统增长的过程中最具影响力。

汽车制造企业增长模式对比如图 9-3 所示。

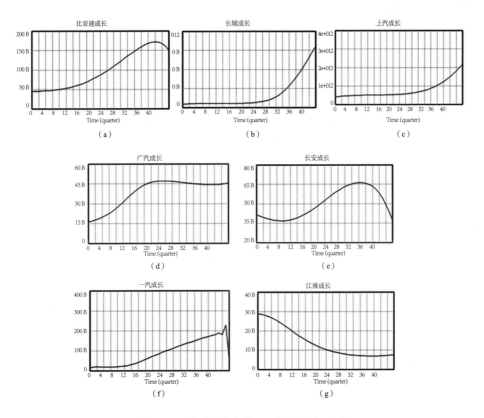

图 9-3 汽车制造企业增长模式对比

图 9-3 表明，比亚迪、长安是典型的 S 形增长模式，而且在仿真周期的末端出现了下滑的趋势。这说明，对于这两家企业而言，当企业发展面

临的外部资源接近其承载能力时个体平均资源降低，因而净增长比例下降，甚至出现负增长的情况。企业在创新生态系统的影响下，发展状态持续增长，但是以一个较慢的速度增长到资源刚好缺乏而停止。企业面临限制增长的负反馈影响，具有约束力的限制决定了企业发展的趋势。

长城和上汽两家企业的成长趋势接近指数增长模式。在目前构建的创新生态影响的企业成长系统中，相关资源可以比较好地促进这两家企业的发展。

一汽集团的成长模式比较特别，可以概括为"过度调整（超调）并崩溃"。在自然生态系统中，环境支持种群成长的能力被种群本身所侵蚀或消耗。在本模型中，一汽集团在共享式创新驱动下获得了比较好的发展，但是共享创新资源被其本身过度消耗，不能维持在一个平衡发展的状态，在模拟的后期出现快速下滑趋势。

江淮的成长模式具有典型的寻的特征。江淮成长的动态寻的行为由负反馈回路寻求平衡、均衡和停滞产生。在这个负反馈回路中，动态系统追求将系统状态带到理想状态，寻的行为抵制任何将系统状态偏离目标的扰动。这说明江淮这一成长动态系统采取了纠偏行动，将系统状态带回目标状态。模拟周期中前期的高位是一种不可持续的高位运行状态。

第十章 基于交互效应的企业创新决策

如何对投资项目组合进行正确评价，对投资方来说至关重要。当前的投资项目组合分析在项目之间的交互效应分析和方法简便性与实用性方面有待改进。本章研究提出的投资项目组合分析与选择方法，利用交互效应Lotka-Volterra模型对项目组合内部复杂的交互关系进行分析，从而弥补现有项目组合选择研究中对交互关系分析不足的缺陷。本章通过一个系列算例说明交互效应Lotka-Volterra模型分析的多选择目标规划方法在两项目投资项目组合分析、三项目投资项目组合分析中的应用。

本章在数据分析过程中，通过改变模型中的参数设置以测试模型的有效性，分析结果表明，本章的方法在投资项目组合评价中具有良好的应用。基于离散系统Lotka-Volterra模型交互效应分析的多选择目标规划方法为投资决策者度量项目组合内部复杂关系提供了依据，也为项目组合选择提供了新的方法和思路。

第一节　共享视阈下企业创新项目投资的交互效应

一、交互效应

基于交互效应的项目组合选择(Interaction Effect Project Portfolio Selection, IE-PPS)研究取得了较好的发展成果,但是受限于模型构建的复杂度和求解技术,很多模型与方法产生了顾此失彼的现象。项目组合分析基础模型中涉及多项目交互研究的较少,改进模型中一般仅考虑交互效应存在于两个项目间的情境,且在动态视角下研究该问题时对项目开始、结束时间,资源可否转移等进行了限定,这些都增加了模型与现实求解环境的差距;在考虑决策者偏好的求解背景下,决策者偏好通常作为参照值出现,并未拟合在求解模型中。

IE-PPS 作为一个复杂的决策支持系统,其复杂度会根据子项目数量的增长呈几何级数增加。对现有 IE-PPS 研究进行优化改进,需要面临以下问题。

(1) 基于交互效应的项目组合选择问题首先是一个项目选择问题。在基于交互效应的项目组合选择问题的研究过程中,同样需要包含项目选择的研究。

(2) 决策者偏好和组合问题的耦合性。以关键成功因素作为项目选择的衡量工具,首先应对项目本身做早期评估,再采用基于交互效应的项目组合选择方法,可以获得理论与实际结合的项目组合选择结果,使研究具备整体性。由于项目组合选择问题最终的结果是为项目管理者提供决策支持工具,所以决策者偏好和组合问题的耦合性则成为该项研究的一项挑战。如何从决策者的角度出发,给出合适的项目组合选择解,并引导决策者做出正确的选择是研究面临的挑战。

(3) 模型的可拓展性。目前的评价模型只适合确定数量的项目组合分析,模型不具备柔性。新开发的模型可以适用于两项目组合、三项目组合等应用场景。

为了解决以上问题，本研究设定了以下研究目标：对现有评价模型进行改进，构造能解决交互效应的项目组合选择评价模型。本书利用 Lotka-Volterra 模型来表达项目之间的交互效应，同时将交互效应关系嵌入多选择目标规划（Multi Choice Goal Programming, MCGP）模型，以构造项目组合选择的多选择目标优化模型，然后通过一个系列算例对该模型的实用性和先进性进行验证。

二、交互效应模型构建

为了在模型中体现资源交互和收益交互，目标函数和约束条件中需要体现一些附加说明。例如，总体的贡献等于备选项目各贡献之和加上或减去因为交互而产生的额外的贡献，即

$$\phi(x_1, x_2, \cdots, x_n) = c_1 x_1 + c_2 x_2 + \cdots c_n x_n + y(x_1, x_2, \cdots, x_n) \qquad (10\text{-}1)$$

其中，ϕ 表示项目组合的收益；c_n 表示第 n 个项目的独立分布；$y(x_n)$ 表示由于项目之间的交互产生的附加项的代数和。

项目组合选择与规划的多目标属性是明显的。当组织在进行稀有资源分配时，他们希望能够同时优化多个目标，如利润、风险、所选组合的价值等。当所有的目标同时优化时，就产生了一组称为帕累托的最优解决方案。由这个方案所产生的一组解，是可行的非支配的组合，即没有其他组合能够产生更高的价值。紧接着项目组合选择优化模型得到了极大的关注，它需要同时解决不同类型的依赖、多目标优化以及目标冲突等多个问题。该模型采用多目标规划模型中的二进制变量描述不同的备选项目。

研究多项目交互的组合选择与优化，是项目组合选择管理理论发展的必然趋势，也是解决组织管理实践所面临问题的客观要求。交互项目的项目组合选择问题可以抽象地概括为，在不确定情境下，从多个彼此存在交互关系或同现有项目组合存在交互关系的备选项目中，选择并组合成对企业战略目标实现贡献度最大的项目组合，其实质为多目标优化问题。

本章利用以下模型进行多目标优化：

目标函数：$\text{Min} \sum_{i=1}^{n}(d_i^+ + d_i^-) + \sum_{i=1}^{n}(e_i^+ + e_i^-)$

约束条件：

$$\begin{cases} f_i(x) - d_i^+ + d_i^- = \rho_i, & i = 1, 2, \cdots, n \\ x \in X = \{x_1, x_2, \cdots, x_n\} \\ \rho_i - e_i^+ + e_i^- = \rho_{i,\max}, & i = 1, 2, \cdots, n \\ \rho_{i,\min} \leq \rho_i \leq \rho_{i,\max}, & i = 1, 2, \cdots, n \\ d_i^+, d_i^-, e_i^+, e_i^- \geq 0, & i = 1, 2, \cdots, n \\ X \in F \quad (F\text{ 是解的可行集}) \end{cases} \quad (10\text{-}2)$$

经典的种群动力学及其衍生模型可以很好地演绎共生交互关系。忽略考虑交互效应的时滞现象带来的影响，我们可以得到以下离散系统交互效应模型：

$$\begin{cases} \Delta N_1 = \gamma_1 N_1 + \gamma_2 N_1^2 + \gamma_3 N_1 N_2 \\ \Delta N_2 = \gamma'_1 N_2 + \gamma'_2 N_2^2 + \gamma'_3 N_2 N_1 \end{cases} \quad (10\text{-}3)$$

这个交互效应模型的特点是，不仅考虑了项目之间的交互效应，还考虑了交互效应对项目自身的影响，这种交互效应的阐释更加符合实际情况。

将式（10-3）推广到具体项目组合情况下，交互效应项目组合分析可以明确表达为

$$IE(P_i, P_j) = \gamma_3 N_i N_j + \gamma'_3 N_j N_i = \lambda_3 N_i N_j, \; \lambda_3 = \gamma_3 + \gamma'_3$$

考虑到共生关系，需要在上述模型中添加新的约束，即

目标函数：$\text{Min} \sum_{i=1}^{n}(d_i^+ + d_i^-) + \sum_{i=1}^{n}(e_i^+ + e_i^-)$

约束条件：

$$\begin{cases} f_i(x) - d_i^+ + d_i^- = \rho_i, & i = 1, 2, \cdots, n \\ x \in X = \{x_1, x_2, \cdots, x_n\} \\ \rho_i - e_i^+ + e_i^- = \rho_{i,\max}, & i = 1, 2, \cdots, n \\ \rho_{i,\min} \leq \rho_i \leq \rho_{i,\max}, & i = 1, 2, \cdots, n \\ d_i^+, d_i^-, e_i^+, e_i^- \geq 0, & i = 1, 2, \cdots, n \\ X \in F \left(F\text{ 是解的可行集} \right) \\ \phi(x_1, x_2, \cdots, x_n) = c_1 x_1 + c_2 x_2 + \cdots + c_n x_n + y(x_1, x_2, \cdots, x_n) \end{cases} \quad (10\text{-}4)$$

以上问题用 LINGO 软件进行运算和优化。

第二节　两项目组合算例

一、两项目组合交互效应模型应用算例

本算例从单一目标、多目标、两项目组合和三项目组合等情景下的项目组合进行评价。本节首先给出单一目标项目组合分析的算例，以某公司投资项目组合管理过程为例，验证所提出的项目组合配置评价模型的有效性。笔者在 2021 年 3 月至 6 月间对南京市某制造业企业进行了实地调研，通过实地调研了解到该公司目前的一些投资备选项目方案。

根据公司基本战略目标，从现有拟实施的四个备选项目中选出两个项目组成最优的项目组合，实现两项目同时进行且收益越高越好的经营目标。

投资项目的特征属性可以表示为

$$P_i : Y_i = ax_i - b \tag{10-5}$$

其中，P_i 表示第 i 个项目；Y_i 表示该项目的总收益，单位为万元；x_i 表示该项目的运营期投资，单位为万元；b 表示该项目的建设期投资，单位为万元；a 表示该项目运营期的收益系数。

该算例中的四个基本投资项目的属性如下：

$$\begin{cases} P_1 : Y_1 = 0.73x_1 - 22\,880 \\ P_2 : Y_2 = 0.86x_2 - 32\,500 \\ P_3 : Y_3 = 0.91x_3 - 20\,540 \\ P_4 : Y_4 = 0.75x_4 - 31\,200 \end{cases}$$

首先，对本算例进行单一要素项目组合评价。在单一要素项目组合评价中主要考虑项目组合的收益水平，项目组合收益越高越好。六种项目组合，在不考虑交互效应时，具有以下属性特征：

$$\begin{cases} PP_1 : Y_1 + Y_2 = 0.73x_1 - 22\,880 + 0.86x_2 - 32\,500 \\ PP_2 : Y_1 + Y_3 = 0.73x_1 - 22\,880 + 0.91x_3 - 20\,540 \\ PP_3 : Y_1 + Y_4 = 0.73x_1 - 22\,880 + 0.75x_4 - 31\,200 \\ PP_4 : Y_2 + Y_3 = 0.86x_2 - 32\,500 + 0.91x_3 - 20\,540 \\ PP_5 : Y_2 + Y_4 = 0.86x_2 - 32\,500 + 0.75x_4 - 31\,200 \\ PP_6 : Y_3 + Y_4 = 0.91x_3 - 20\,540 + 0.75x_4 - 31\,200 \end{cases}$$

在考虑单个项目的收益之间存在交互效应时，六种项目组合具有以下属性特征：

$$\begin{cases} PP_1: Y_1 + Y_2 = 0.73x_1 - 22\,880 + 0.86x_2 - 32\,500 + IE(P_1, P_2) \\ PP_2: Y_1 + Y_3 = 0.73x_1 - 22\,880 + 0.91x_3 - 20\,540 + IE(P_1, P_3) \\ PP_3: Y_1 + Y_4 = 0.73x_1 - 22\,880 + 0.75x_4 - 31\,200 + IE(P_1, P_4) \\ PP_4: Y_2 + Y_3 = 0.86x_2 - 32\,500 + 0.91x_3 - 20\,540 + IE(P_2, P_3) \\ PP_5: Y_2 + Y_4 = 0.86x_2 - 32\,500 + 0.75x_4 - 31\,200 + IE(P_2, P_4) \\ PP_6: Y_3 + Y_4 = 0.91x_3 - 20\,540 + 0.75x_4 - 31\,200 + IE(P_3, P_4) \end{cases}$$

表 10-1 给出了不同投资项目组合方案的收益情况及其排名。

表 10-1　项目组合方案的收益情况及其排名

项目组合	项目组合构成	运营期投资/万元	建设期投资/万元	收入系数	收入/万元	不考虑交互效应		考虑交互效应			
						项目组合收益/万元	排名	交互效应	交互效应收益/万元	项目组合收益/万元	排名
1	1	50 000	22 880	0.73	13 520	23 920	4	1.05×10^{-6}	2 633	26 553	4
	2	50 000	32 500	0.86	10 400						
2	1	50 000	22 880	0.73	13 520	38 480	1	-1.59×10^{-6}	-3 965	34 515	2
	3	50 000	20 540	0.91	24 960						
3	1	50 000	22 880	0.73	13 520	20 020	5	-8.19×10^{-7}	-2 048	17 973	6
	4	50 000	31 200	0.75	6 500						
4	2	50 000	32 500	0.86	10 400	35 360	2	1.22×10^{-6}	3 055	38 415	1
	3	50 000	20 540	0.91	24 960						
5	2	50 000	32 500	0.86	10 400	16 900	6	2.51×10^{-6}	6 273	23 173	5
	4	50 000	31 200	0.75	6 500						
6	3	50 000	20 540	0.91	24 960	31 460	3	1.03×10^{-6}	2 568	34 028	3
	4	50 000	31 200	0.75	6 500						

表 10-1 表明，是否考虑交互效应对项目组合的评价有着重要的影响。在本例中，不考虑交互效应时，项目组合 2（PP_2）的收益最好。加入交互效应的影响后，项目组合 2（PP_2）的收益排到了备选方案的第二位，项目组合 4（PP_4）的收益排名变为第一名。本例说明，在进行项目组合评价时需要考虑项目之间的交互效应。

表 10-2 给出了项目组合的 MCGP 模型优化结果。

表 10-2　项目组合的 MCGP 模型优化结果

项目组合	项目组合构成	运营期投资／万元	建设期投资／万元	收入系数	收入／万元	不考虑交互效应		考虑交互效应			
						项目组合收益／万元	排名	交互效应（λ）	交互效应收益（IE）／万元	项目组合收益／万元	排名
1	1	10 000	22 880	0.73	-15 600	29 120	4	1.05×10^{-6}	948	30 068	4
	2	90 000	32 500	0.86	44 720						
2	1	10 000	22 880	0.73	-15 600	45 760	1	-1.59×10^{-6}	-1 427	44 333	1
	3	90 000	20 540	0.91	61 360						
3	1	10 000	22 880	0.73	-15 600	21 060	5	-8.19×10^{-7}	-737	20 323	6
	4	90 000	31 200	0.75	36 660						
4	2	10 000	32 500	0.86	-23 920	37 440	3	1.22×10^{-6}	1 100	38 540	3
	3	90 000	20 540	0.91	61 360						
5	2	90 000	32 500	0.86	44 720	21 060	5	2.51×10^{-6}	2 258	23 318	5
	4	10 000	31 200	0.75	-23 660						
6	3	90 000	20 540	0.91	61 360	37 700	2	1.03×10^{-6}	924	38 624	2
	4	10 000	31 200	0.75	-23 660						

表 10-2 表明，基于 MCGP 模型优化结果的项目组合评价明显区别于简单项目组合评价方法。MCGP 模型可以更好地进行数据分析，处理传统方法不能解决的问题。综上所述，在单一目标情境下，本节所提出的方法是有效的。

现在，我们来进行多目标情境下的算例分析。在上述算例中加入人员数量的约束目标。不同的投资项目，所需要的员工数量是不同的。假设单一项目 (P_i) 的员工数量 (M_i) 要求如下：

$$\begin{cases} P_i : M_i \\ P_1 : M_1 = 0.022\, x_1 \\ P_2 : M_2 = 0.011\, x_2 \\ P_3 : M_3 = 0.033\, x_3 \\ P_4 : M_4 = 0.011\, x_4 \end{cases}$$

设定项目组合中员工人数的总和不超过 1500 人，单项人数不少于 260 人。考虑到算例分析的简便性，本书不考虑项目组合中各项目人员需求的交互效应。本案例中设定项目组合运营期投资不超过 10 亿元。所以，不同的项目组合的约束条件如下：

$$\begin{cases} PP_1 : Y_1 + Y_2 = 0.73 x_1 - 22\,880 + 0.86 x_2 - 32\,500 + IE(P_1, P_2) \\ M_1 + M_2 = 0.022 x_1 + 0.011 x_2,\ M_1 + M_2 < 1\,500,\ M_1 > 260,\ M_2 > 260 \\ PP_2 : Y_1 + Y_3 = 0.73 x_1 - 22\,880 + 0.91 x_3 - 20\,540 + IE(P_1, P_3) \\ M_1 + M_3 = 0.022 x_1 + 0.033 x_3,\ M_1 + M_3 < 1\,500,\ M_1 > 260,\ M_3 > 260 \\ PP_3 : Y_1 + Y_4 = 0.73 x_1 - 22\,880 + 0.75 x_4 - 31\,200 + IE(P_1, P_4) \\ M_1 + M_4 = 0.022 x_1 + 0.011 x_4,\ M_1 + M_4 < 1\,500,\ M_1 > 260,\ M_4 > 260 \\ PP_4 : Y_2 + Y_3 = 0.86 x_2 - 32\,500 + 0.91 x_3 - 20\,540 + IE(P_2, P_3) \\ M_2 + M_3 = 0.022 x_2 + 0.033 x_3,\ M_2 + M_3 < 1\,500,\ M_2 > 260,\ M_3 > 260 \\ PP_5 : Y_2 + Y_4 = 0.86 x_2 - 32\,500 + 0.75 x_4 - 31\,200 + IE(P_2, P_4) \\ M_2 + M_4 = 0.011 x_2 + 0.011 x_4,\ M_2 + M_4 < 1\,500,\ M_2 > 260,\ M_4 > 260 \\ PP_6 : Y_3 + Y_4 = 0.91 x_3 - 20\,540 + 0.75 x_4 - 31\,200 + IE(P_3, P_4) \\ M_3 + M_4 = 0.033 x_3 + 0.011 x_4,\ M_3 + M_4 < 1\,500,\ M_3 > 260,\ M_4 > 260 \end{cases}$$

把人员安排加入项目组合评价目标以后，项目组合的评价排名发生了显著的变化，如表 10-3 所示。

表 10-3　项目组合的交互效应 MCGP 模型优化结果

项目组合	项目组合构成	运营期投资／万元	建设期投资：沉没成本／万元	收入系数	收入／万元	项目组合收益／万元	员工人数	排名
1	1	36 363	22 880	0.73	3 592	28 129	1 240	1
	2	63 637	32 500	0.86	22 101		260	
2	1	53 181	22 880	0.73	15 836	3 552	1 240	5
	3	10 000	20 540	0.91	-11 440		260	
3	1	10 000	22 880	0.73	-15 600	20 323	950	4
	4	90 000	31 200	0.75	36 660		260	
4	2	53 227	32 500	0.86	13 169	2 379	1 240	6
	3	10 000	20 540	0.91	-11 440		260	
5	2	90 000	32 500	0.86	44 720	23 318	840	3
	4	10 000	31 200	0.75	-23 660		260	
6	3	18 182	20 540	0.91	-3 994	28 024	1 240	2
	4	81 818	31 200	0.75	30 491		260	

表 10-3 表明，把人员安排加入项目组合评价目标中以后，项目组合的评价排名发生了显著变化。这说明交互效应 MCGP 模型可以很好地处理多目标项目组合评价问题。为了对比多目标评价的效果，本节用 DEA 评价方法进行对比分析。本节选取投资和员工人数作为投入指标，项目组合收益作为产出指标，如表 10-4 所示。

表 10-4　项目组合的投入、产出数据

项目组合	产出	投入	
	项目组合收益／万元	总投资／万元	员工人数
1	28 129	155 380	1 500
2	3 552	106 601	1 500
3	20 323	154 080	1 210
4	2 379	116 267	1 500
5	23 318	163 700	1 100
6	28 024	151 740	1 500

表 10-4 表明，将 DEA 方法与交互效应 MCGP 模型进行对比，有利于分析两种方法的优点和缺点，为投资组合分析引入新的视角。进行运算之前，首先对数据进行归一化处理。项目组合的数据包络分析结果如表 10-5 所示。

表 10-5　项目组合的数据包络分析结果

项目组合	产出	投入		DEA 方法运算结果		
	项目组合收益 / 万元	总投资 / 万元	员工人数	*Scale*	*Crste*	*Vrste*
1	28 129	155 380	1 500	0.91	0.76	0.84
2	3 552	106 601	1 500	0.00	0.00	1.00
3	20 323	154 080	1 210	0.86	0.86	1.00
4	2 379	116 267	1 500	0.47	0.37	0.77
5	23 318	163 700	1 100	1.00	1.00	1.00
6	28 024	151 740	1 500	1.00	1.00	1.00

Crste 是规模不变条件下的技术效率，*Vrste* 是规模可变条件下的技术效率，*Scale* 为规模效率且 Scale=Crste/Vrste。

表 10-5 表明，数据包络分析方法无法区分出项目组合 5（PP_5）和项目组合 6（PP_6）的优劣。可见，交互效应 MCGP 模型在项目组合评价中更有效。在投资项目组合评价中，评价模型的区分度是一个很重要的指标。可见，MCGP 模型的区分度更好。

DEA 方法的主要目的是评估和排序效率低下的投资组合，包括这些投资组合的最佳目标应该是什么（应该减少哪些投入或者应该增加多少产出），因此直接比较的结果是不完美的。MCGP 和 DEA 这两种方法可以而且应该共存，以便正确理解投资组合评估。由于篇幅有限，本节仅对交互效应模型与 DEA 方法进行了简单比较，还有待于进一步开展更有价值的研究。

二、模型的稳定性检验

本小节通过改变参数设定来检验模型的有效性。

设定项目组合中员工人数的总和不超过 2 000 人，单项人数不少于 100 人。考虑到算例分析的简便性，本书不考虑项目组合中各项目人员需求的交互效应。本案例中设定项目组合运营期投资不超过 20 亿元，单项投资大于 1 亿元。

调整资源参数后的模型优化结果如表 10-6 所示。

表 10-6　调整资源参数后的模型优化结果

项目组合	项目组合构成	运营期投资 / 万元	建设期投资：沉没成本 / 万元	收入系数	收入 / 万元	项目组合收益 / 万元	员工人数	排名
1	1	10 000	22 880	0.73	-15 600	92 444	1 900	2
	2	161 818	32 500	0.86	106 340		100	
2	1	75 909	22 880	0.73	32 382	19 738	1 900	6
	3	10 000	20 540	0.91	-11 440		100	
3	1	10 000	22 880	0.73	-15 600	73 885	1 900	3
	4	161 818	31 200	0.75	90 811		100	
4	2	75 909	32 500	0.86	32 630	22 118	1 900	5
	3	10 000	20 540	0.91	-11 440		100	
5	2	171 818	32 500	0.86	114 920	95 571	1 900	1
	4	10 000	31 200	0.75	-23 660		100	
6	3	10 000	20 540	0.91	-11 440	73 390	1 900	4
	4	151 818	31 200	0.75	83 271		100	

表 10-6 数据说明，改变资源投入参数后，投资组合的收益指标和排名均会发生显著变化。这个变化比较符合实际情景中的投资项目组合分析和管理，体现了投资项目管理中的环境动态性特征。为了进一步检验模型的有效性，此处继续更改参数（收入系数）设置，如表 10-7 所示。

表 10-7　调整收入系数参数后的模型优化结果

项目组合	项目组合构成	运营期投资/万元	建设期投资:沉没成本/万元	收入系数	收入/万元	项目组合收益/万元	员工人数	排名
1	1	10 000	22 880	0.77	-15 180	47 878	1 900	4
	2	161 818	32 500	0.58	61 354		100	
2	1	75 909	22 880	0.77	35 570	19 926	1 900	5
	3	10 000	20 540	0.61	-14 440		100	
3	1	10 000	22 880	0.77	-15 180	89 840	1 900	1
	4	161 818	31 200	0.85	106 345		100	
4	2	75 909	32 500	0.58	11 527	-1 985	100	6
	3	10 000	20 540	0.61	-14 440		1 900	
5	2	171 818	32 500	0.58	67 154	48 765	1 900	3
	4	10 000	31 200	0.85	-22 700		100	
6	3	10 000	20 540	0.61	-14 440	84 964	1 900	2
	4	151 818	31 200	0.85	97 845		100	

表 10-7 表明，改变收入系数参数后，投资组合的收益指标和排名均会发生显著变化。这个变化也体现了投资项目管理中的系统动态性特征。收入系数调整和前面的资源参数调整均验证了参数调整情况下 MCGP 模型的稳健性和可靠性。

调整模型参数后，模型依然可以有效分析投资组合选择问题，可见本模型的实用性较强。

第三节　模型的拓展

一、模型的拓展性检验（三项目组合算例）

以三个项目组合为例，如果不考虑交互效应的时滞影响，我们可以得到以下三项目离散系统交互效应模型：

$$\begin{cases} \Delta N_{12} = \gamma_1 N_{12} + \gamma_2 N_{12}^2 + \gamma_3 N_{12} N_3 \\ \Delta N_3 = \gamma'_1 N_3 + \gamma'_2 N_3^2 + \gamma'_3 N_3 N_{12} \end{cases}$$

该模型的特点是将项目组合（P_1、P_2）视为一个整体，N_{12}代表该组合的数值特征。项目组合内的相互作用（P_1、P_2、P_3）可视为（P_1、P_2）和P_3之间的相互作用。这种交互效应模型的特点是，它不仅考虑了项目之间的交互效应，还考虑了交互效应对项目本身的影响。这种交互效果的表达具有良好的扩展性。此扩展模型可用于表示更多投资组合的交互效应。

将上述公式推广到具体项目组合时，交互效应项目组合分析可以清楚地表示为

$$IE(P_i, P_j, P_k) = \lambda N_i N_j N_k$$

本节通过一个实例说明了该扩展模型的应用。在此实例中，设置项目组合中的员工总数不得超过 2 800 人，单项人数不得少于 280 人。项目组合运营期投资不超过 18 万元。单个项目运营期投资不得超过 1 万元，三项目组合评价结果如表 10-8 所示。因此，不同项目组合的约束条件如下：

$$\begin{cases} PP'_1: Y_1 + Y_2 + Y_3 = 0.566x_1 - 17\,600 + 0.666x_2 - 25\,000 + 0.706x_3 - 15\,800 + (-9.88 \times 10^{-12})x_1 x_2 x_3 \\ M_1 + M_2 + M_3 = 0.022x_1 + 0.011x_2 + 0.033x_3, M_1 + M_2 + M_3 < 2\,800, M_1 > 280, M_2 > 280, M_3 > 280 \\ PP'_2: Y_1 + Y_2 + Y_4 = 0.566x_1 - 17\,600 + 0.666x_2 - 25\,000 + 0.586x_4 - 24\,000 + (-1.22 \times 10^{-11})x_1 x_2 x_4 \\ M_1 + M_2 + M_4 = 0.022x_1 + 0.022x_2 + 0.011x_4, M_1 + M_2 + M_4 < 2\,800, M_1 > 280, M_2 > 280, M_4 > 280 \\ PP'_3: Y_1 + Y_3 + Y_4 = 0.566x_1 - 17\,600 + 0.706x_3 - 15\,800 + 0.586x_4 - 24\,000 + (-9.64 \times 10^{-12})x_1 x_3 x_4 \\ M_1 + M_3 + M_4 = 0.022x_1 + 0.033x_3 + 0.011x_4, M_1 + M_3 + M_4 < 2\,800, M_1 > 280, M_3 > 280, M_4 > 280 \\ PP'_4: Y_2 + Y_3 + Y_4 = 0.666x_2 - 25\,000 + 0.706x_3 - 15\,800 + 0.586x_4 - 24\,000 + (7.43 \times 10^{-12})x_2 x_3 x_4 \\ M_2 + M_3 + M_4 = 0.022x_2 + 0.033x_3 + 0.011x_4, M_2 + M_3 + M_4 < 2\,800, M_2 > 280, M_3 > 280, M_4 > 280 \end{cases}$$

表 10-8　三项目组合评价结果

项目组合	项目组合构成	运营期投资／万元	建设期投资／万元	员工人数	项目组合收益／万元	排名
1	1	10 000	17 600	1 750	60 722	1
	2	160 000	25 000	280		
	3	10 000	15 800	280		
2	1	10 000	17 600	1 530	51 285	3
	2	160 000	25 000	280		
	4	10 000	24 000	280		

续表

项目组合	项目组合构成	运营期投资 / 万元	建设期投资 / 万元	员工人数	项目组合收益 / 万元	排名
3	1	10 000	17 600	2 240	51 324	2
	3	32 272	15 800	280		
	4	137 727	24 000	280		
4	2	36 645	25 000	2 240	46 527	4
	3	18 950	15 800	280		
	4	124 404	24 000	280		

表 10-8 表明，本节的方法可以很好地区分出不同项目组合的优劣。我们在评价类似项目组合的问题时，应该增加资源约束的上限。设置项目组合中员工人数的总和不超过 1 800 人，单项人数不少于 200 人。项目组合运营期投资不超过 12 亿元。资源充分的三项目组合评价结果如表 10-9 所示。

表 10-9 资源充分的三项目组合评价结果

项目组合	项目组合构成	运营期投资 / 万元	建设期投资 / 万元	员工人数	项目组合收益 / 万元	排名
1	1	10 000	17 600	1 100	20 101	1
	2	100 000	25 000	200		
	3	10 000	15 800	200		
2	1	10 000	17 600	900	10 678	3
	2	100 000	25 000	200		
	4	10 000	24 000	200		
3	1	10 000	17 600	1 400	14 795	2
	3	25 000	15 800	200		
	4	85 000	24 000	200		
4	2	30 592	25 000	1 400	9 261	4
	3	14 704	15 800	200		
	4	74 704	24 000	200		

表 10-9 表明，当项目组合的总资源够用时，项目组合的收益均大于 0。可见，交互效应 MCGP 模型在三项目组合评价中也很有效。

在市场经济多变的大环境下，组织经营目标的实现需要通过项目来承载，所以，项目组合的选择无论是对于中小企业，还是大公司来说都至关重要。单个项目的失败，乃至项目组合的失败会给组织带来巨大的风险，甚至致命的打击。项目管理者需要从实际经历的项目中提取出经验模型，结合大数据分析，形成决策支持系统，以便在之后面临的项目评估中，做出准确的决策。本节所提供的算例结合实际决策环境下需要考虑的约束情况，通过分析项目组合选择的概念和特征，提出资源约束和多目标导向下的交互效应项目组合分析模型，验证了模型的有效性。

二、模型探讨

项目组合作为实现组织战略目标的有效方法已经获得众多企业的青睐，项目组合选择作为项目组合管理中的一个重要组成部分，对项目组合的成功实施产生重要影响。随着市场竞争的日益激烈，各企业逐渐扩大自己的经营范围，备选项目的范围和数目也在日益扩张，而组织战略目标众多，项目间关系复杂，为组织选择合理的项目组合带来了巨大的挑战。本节基于项目间协同关系，构建基于协同关系的项目组合选择模型，为企业项目组合选择提供了参考。本节的具体研究内容总结如下：提出的 Lotka-Volterra 共生关系的项目组合选择方法，进一步完善和拓展了项目组合选择方法，丰富了项目组合管理理论，也为企业度量各备选项目间协同关系，选择最优的项目组合提供了新的视角和思路。与模糊理论、系统动力学等理论方法相比较，本节方法简单、易操作。与 DEA 方法相比较，本节的方法有更好的区分度。与协同关系项目组合比较，本节的方法更加具有普适性。与普通交互效应项目分析比较，本节方法的理论依据更加充分，Lotka-Volterra 模型能够很好地解释项目之间的共生关系。由于许多项目之间的关系未必是协同关系，故交互效应更加符合项目之间关系的描述。

本节的理论贡献主要体现在以下几方面：

（1）拓展了投资组合评价的研究视角，从项目之间的交互效应进行投资组合分析。

（2）开发了一个有效的模型来评估项目的交互效应及其对项目组合的影响。

（3）一系列算例表明了该方法的适应性和有效性。

本节具有广泛的工业应用，如产品组合分析、投资项目组合研究、创新项目评估、金融投资和衍生品交易。

第四节　结　论

本章构建交互效应 Lotka-Volterra MCGP 模型来解决考虑项目之间交互效应的项目组合评价问题。算例分析的结果表明：交互效应 Lotka-Volterra MCGP 模型可以比较好地评价两项目组合、三项目组合问题。在与 DEA 方法的比较中发现，交互效应 Lotka-Volterra MCGP 模型对项目组合有更好的区分能力。本章提出的项目组合选择方法，考虑了项目组合内部复杂交互关系，弥补了现有项目组合选择研究中对交互关系分析不足的缺陷，为企业度量项目组合内部复杂关系提供了依据，也为企业项目组合选择提供了新的方法和思路。

项目组合选择在项目组合管理的过程中是作为决策支持工具出现的，是管理者与战略计划之间的纽带，决策者根据需要达成的战略目标来确定项目组合的选择方案和计划。近些年的研究也给项目管理者提供了众多辅助条件用于做出决策，然而在学术研究方面，案例的试验样本过少，一直是限制研究进展的重要原因。随着"大数据"时代的到来及参考数据的开源，必定会带来新的契机，现有的项目组合选择模型和求解方法也会得到更新。本章的主要成果为考虑复杂情况下项目组合选择的模型构建和求解方法的研究，然而项目组合选择只是项目管理过程中的一个环节，在项目管理整体化的进程中，还需要动态地估计项目的早期规划，优化项目执行的过程，该研究也是之后努力的方向。

本章的研究展望：

（1）未来研究中将探讨 Lotka-Volterra MCGP 模型和其他方法结合起来进行项目组合分析的可能性。例如，将 Lotka-Volterra MCGP 模型和 DEA 相结合进行综合分析。

（2）从系统动态性的角度考察投资项目组合的分析与评价。

（3）在评价模型中体现风险要素的影响。

第十一章 企业内竞争：协同产品 组合设计

产品组合设计是一个典型的多目标优化问题。多选择目标规划方法是解决多目标决策问题的一种常用方法。然而，经典的多选择目标规划方法孤立地处理产品组合优化问题，没有考虑组合产品之间的相互影响。研究人员应该考虑产品组合优化中产品之间的相互作用，以便它们能够适应现实世界的问题。产品之间的相互作用可以用种群动力学模型来解释。Lotka-Volterra 模型是分析产品种群相互作用的经典方法。Lotka-Volterra 模型均衡状态能够反映产品种群协同发展的理想情境。Lotka-Volterra 模型均衡分析方法与多选择目标规划方法相结合是分析产品组合交互作用的有效方法。本章提出了一种新的求解多目标问题的方法，并用一个算例说明该方法的有效性。模型优化结果的对比分析表明，Lotka-Volterra 多选择目标规划模型能够同时考虑资源约束、产品协同和产出最大化要求。

第一节 研究背景

管理决策影响组织绩效。在实践中，企业决策是一个复杂的过程，因为许多与决策相关的问题涉及多个标准或相互冲突的目标。目标规划（Goal

Programming，GP）被广泛应用于解决多目标优化问题。应用目标规划的基本原理：决策者将管理目标、资源约束和管理期望水平结合起来考虑。管理人员有时会遇到比增加收入和降低成本更复杂的决策问题。例如，研究对象之间存在共生相关关系，管理者在决策时应该考虑研究对象之间的互动影响机制。假设一家公司正在制造的产品和即将发布的产品为 x_1 和 x_2，x_1 和 x_2 之间可能存在以下关系：

（1）竞争关系：产品 x_1 和 x_2 是同一产品的不同型号，如汽车厂商的不同车型之间的关系。

（2）协作关系：如一种特殊用途的无人机和无人机的操作模拟器，两者之间存在协作关系，当更多的无人机被出售时，市场对操作模拟器的需求就会增加。同时，操作模拟器及其应用软件和服务的销售也可以促进无人机的销售。

可见，产品组合研究需要考虑产品之间的协作或竞争。为解决类似问题，本章将研究对象（产品组合中的不同产品）视为共生产品种群，探讨共生产品种群之间影响的动力机制。本章的研究方法具有明显的现实意义，该方法为企业提供了一种适合各种产品组合的分析方法，可以用来分析和规划产品种群的发展。为了促进产品种群中合作关系的发展，需要将产品线保持在适当的生产规模。这种方法可以分析当前产品种群的开发水平，并帮助确定其是否处于良性协作状态。产品种群之间的关系可以反映整个行业的竞争水平，根据分析结果可以确定企业在该领域的发展方向。企业可以利用这种方法来研究产业政策，进而帮助企业制订适当的政策，促进产品组合的发展。本章将运用群体动力学分析交互产品群体之间的影响机制，建立产品组合优化和比较分析的多选择目标规划和 Lotka‑Volterra 多选择目标规划模型，提高产品组合协同优化的能力。

第二节　文献综述

公司的产品组合管理寻求利用优势资源来实现产品的生产和销售目标，使产品组合的价值最大化。学者们将不同研究方法运用于产品组合研究，相关的应用研究提供丰富的研究见解。Bayou 和 Reinstein 总结了模糊层次模型在产品组合策略调整中的重要作用[212]。Chung 和 Pearn 利用层次分析法和网络分析法对半导体生产过程进行分析，得出最佳产品组合[213]。Rao 通过对医药行业的实证研究，验证了产品组合管理在企业战略调整过程中的重要作用[214]。大量的研究涉及产品组合决策，主要采用的方法有线性规划法、作业成本法、约束理论（Theory of Constraints, TOC）法和这些方法的综合运用。其中，Goldratt 首先提出的 TOC 法是最常用的方法之一[215]。Luebbe 和 Finch 认为，将 TOC 法和整数线性规划方法相结合可以测算出最优的产品组合[216]，TOC 法得到了不断改进。Tanhaei 和 Nahavandi 提出了一种启发式算法来确定两种资源受限环境下的最优产品组合[217]。Kahveci 等将 TOC 法应用于产能受限公司的产品规划[218]。TOC 法主要考虑资源约束，因此其难以满足本书研究的需要。

随着相关研究的发展，越来越多的研究采用复合方法来探讨产品组合选择。Rupak Bhattacharyya 介绍了一种新的多目标优化问题的求解方法，其系数以不确定变量的形式存在[219]。Rupak Bhattacharyya 等提出了一种模糊多目标规划方法，以便在选择研发项目时进行决策[220]。Guo 考虑了一个具有交易成本的模糊多期投资组合选择问题[221]，建立了一个均值 - 方差模型，目标是在总风险约束下的收益最大化。Animesh Debnath 将混合多准则决策方法应用于农副产品战略项目组合选择[222]，该方法根据决策者的总体偏好对战略项目组合进行排序。Kar 提出了一种基于交叉熵的多目标不确定投资组合选择方法[223]，将平均收益率定义为期望值，风险定义为方差，证券收益率之间的差异定义为交叉熵，将证券收益率视为不确定变量，建立了多目标不确定投资组合选择模型。Kar 提出了一种新的双目标模糊投资组合选择模型[224]。可以看出，根据研究目标在传统优化模型中嵌入约束条件是一种很常见的研究方法。目前，考虑产品间协同效应的优化模型比较少见。因此，本章将提出一种综合优化方法，这种方法将综合考虑资源约束、产出最大化和种群协同效应。

种群是一定时间和空间内同一物种个体的集合。产品的"种群"涉及同一个客户群体，不同的产品部分通过相互影响关系连接在一起。生态种群模型可以用来研究产品组合的特征，组合中的产品被称为产品种群（Product Populations，PPs）。近年来，生态学在各个领域得到了广泛的应用。大多数关于产品管理应用的研究集中在优化企业产品组合的规模和结构上。同时，部分学者也考虑了影响产品演化的因素。例如：Rober 认为消费者偏好的差异程度、产品开发成本和产品的边际收益是决定产品线宽度和长度的主要因素[225]；Fruchte 引入了一种遗传算法来探索产品项目的同类竞争，并解决了相关条件下产品线的优化问题[226]；Ommering 提出了产品种群的概念来解决软件产品开发过程的多样性和多功能性[227]，并通过应用软件体系结构和模块的重组与拆分，快速完成软件产品的升级与演化；Kazuhiko 以日本空调数量对气候变暖的影响为例[228]，采用综合生命周期评估和种群均衡模型来评估产品种群的规模对社会环境的影响；Kim 使用种群均衡模型来分析产品生命周期并评估韩国电子设备产业发展问题[229]。国内学者也有关于产品种群的研究[230, 231]，现有文献大多采用生态种群理论和方法来研究企业和产业种群的协同演化，但其应用仍局限于宏观和中观层面，很少有微观层面的产品组合研究。

第三节 研究方法

一、种群动力学模型

根据 Logistic 模型，本节构建了产品种群 1（PP_1）的内部关系模型。具体如下：

$$G_1(t) = \frac{dN_1(t)}{dt} = \alpha_1 N_1 \left(1 - \frac{N_1}{M_1}\right) \tag{11-1}$$

同理，构建产品种群 2（PP_2）的内部关系模型：

$$G_2(t) = \frac{\mathrm{d}N_2(t)}{\mathrm{d}t} = \alpha_2 N_2 \left(1 - \frac{N_2}{M_2}\right) \tag{11-2}$$

基于 PP_1 和 PP_2 系统，建立了两个产品种群共生的数学模型：

$$\begin{cases} G_1(t) = \dfrac{\mathrm{d}N_1(t)}{\mathrm{d}t} = \alpha_1 N_1 \left(1 - \dfrac{N_1}{M_1} + \dfrac{\beta_{12} N_2}{M_2}\right) \\ G_2(t) = \dfrac{\mathrm{d}N_2(t)}{\mathrm{d}t} = \alpha_2 N_2 \left(1 - \dfrac{N_2}{M_2} + \dfrac{\beta_{21} N_1}{M_1}\right) \end{cases} \tag{11-3}$$

求解方程可以得到两个产品种群共生关系的均衡点：

$$P_1(0,0), P_2(N_1,0), P_3(0,N_2), P_4 \left(\frac{M_1(1+\beta_{12})}{1-\beta_{12}\beta_{21}}, \frac{M_2(1+\beta_{21})}{1-\beta_{12}\beta_{21}}\right)$$

这两个产品种群的相互依赖性意味着种群大小不能为 0，因此舍去点 P_1、P_2 和 P_3。点 P_4 分别对应产品种群 1 和产品种群 2 的规模，其具有现实意义的条件为

$$\begin{cases} \dfrac{M_1(1+\beta_{12})}{1-\beta_{12}\beta_{21}} > 0 \\ \dfrac{M_2(1+\beta_{21})}{1-\beta_{12}\beta_{21}} > 0 \end{cases} \tag{11-4}$$

求解上述方程能得到非负解，平衡点是 $\left(\dfrac{M_1(1+\beta_{12})}{1-\beta_{12}\beta_{21}}, \dfrac{M_2(1+\beta_{21})}{1-\beta_{12}\beta_{21}}\right)$。它代表了 PP_1 和 PP_2 所占用资源的平衡状态。

二、多选择目标规划

近年来，多选择目标规划（Multi-Choice Goal Programming，MCGP）被广泛应用于解决实际的决策问题[232]。借鉴 Wang 的研究[233-244]，将 Lotka-Volterra 种群动力学共生模型和种群均衡关系作为约束条件嵌入 MCGP 模型中，得到 Lotka-Volterra MCGP 模型：

目标函数：$\mathrm{Min} \sum_{i=1}^{n}(d_i^+ + d_i^-) + \sum_{i=1}^{n}(e_i^+ + e_i^-)$

约束条件：

$$
\begin{cases}
f_i(x) - d_i^+ + d_i^- = g_i, & i = 1, 2, \cdots, n \\
x \in X = \{x_1, x_2, \cdots, x_m\} \\
g_i - e_i^+ + e_i^- = g_{i,\max}, & i = 1, 2, \cdots, n \\
g_{i,\min} \leqslant g_i \leqslant g_{i,\max}, & i = 1, 2, \cdots, n \\
d_i^+, d_i^-, e_i^+, e_i^- \geqslant 0, & i = 1, 2, \cdots, n \\
X \in F \ (F\text{ 是解的可行集}) \\
x_1 = \dfrac{M_1(1+\beta_{12})}{1 - \beta_{12}\beta_{21}}, \ \ x_2 = \dfrac{M_2(1+\beta_{21})}{1 - \beta_{12}\beta_{21}}, \ \ \dfrac{x_1}{x_2} = \dfrac{M_1(1+\beta_{12})}{M_2(1+\beta_{21})} \\
0.1 < \beta_{12} < 1, 0.1 < \beta_{21} < 1
\end{cases}
\tag{11-5}
$$

Lotka-Volterra MCGP 模型保留了 MCGP 模型的特点和可操作性，同时表现出两个新的特点：Logistic MCGP 模型反映了传统产品组合研究的资源约束原则；该模型还反映了产品组合中产品之间的协作关系，有效利用了资源约束和产品种群增长理论。式 (11-5) 可通过线性规划求解。

第四节　算　例

本节给出一个运算例子来说明 Lotka-Volterra MCGP 模型和 MCGP 模型的优化结果之间的差异。模型优化结果的对比分析表明，Lotka-Volterra MCGP 模型能够考虑资源约束、产品协同和产出最大化要求。假设某公司生产两种相关产品（PP_1 和 PP_2），两者之间存在协同效应。变量解释和数据选择：

（1）P_1 表示 PP_1 种群规模（以销售量表示，单位为个）。

（2）P_2 表示 PP_2 种群规模（以销售量表示，单位为个）。

（3）C_1 表示 P_1 投资（单位为万元）；

（4）C_2 表示 P_2 投资（单位为万元）。

（5）O_1 表示 P_1 产品产出（以 P_1 利润表示，单位为元）。

（6）O_2 表示 P_2 产品产出（以 P_2 利润表示，单位为元）。

（7）C_T 表示总投资（$C_T = C_1 + C_2$，单位为万元）。

（8）O_T 表示总产出（$O_T = O_1 + O_2$，单位为元）。

（9）M_1 表示 PP_1 的最大种群规模（将整个预算投入 P_1）。

（10）M_2 表示 PP_2 的最大种群规模（将整个预算投入 P_2）。相关数据如表 11-1 所示。

表 11-1　原始数据

投资期	P_1	C_1	O_1	M_1	P_2	C_2	O_2	M_2	利润目标	投资预算	O_T	C_T
10	14 544	1 454	145 440	18 022	1 139	342	13 102	6 008	226 311	1 802	158 542	1 796
9	13 332	1 333	133 320	15 611	1 091	327	12 544	5 203	240 681	1 561	145 864	1 660
8	9 332	933	93 324	12 993	970	291	11 150	4 330	155 530	1 299	104 474	1 224
7	2 666	267	26 664	10 399	848	255	9 757	3 466	95 150	1 040	36 421	521
6	2 545	255	25 452	8 690	848	255	9 757	2 897	61 320	869	35 209	509
5	3 030	303	30 300	9 660	836	251	9 617	3 220	31 941	966	39 917	554
4	2 666	267	26 664	8 314	764	229	8 781	2 772	19 924	831	35 445	496
3	2 182	218	21 816	8 375	800	240	9 199	2 791	11 435	837	31 015	458
2	2 060	206	20 604	7 187	848	255	9 757	2 396	7 895	719	30 361	461
1	1 818	182	18 180	6 290	861	258	9 896	2 097	6 592	629	28 076	440

本节利用 MCGP 的目标解和资源约束模型（均衡值）的解来构造人口的适宜性。相关目标函数和参数如下：$F_1(x) = 10x_1 + 12x_2$（利润目标，越多越好）；$F_2(x) = 0.1x_1 + 0.3x_2$（投资目标，越少越好）。表 11-2 列出了对两种产品分别进行准则目标优化（MCGP）测算的结果。

表 11-2　MCGP 模型的求解结果（P_1，P_2）

投资期	P_1	C_1	O_1	M_1	P_2	C_2	O_2	M_2	O_T	C_T
10	22 630	2 263	226 305	18 022	0	0	0	6 008	226 305	2 263
9	24 068	2 407	240 679	15 611	0	0	0	5 203	240 679	2 407
8	15 552	1 555	155 524	12 993	0	0	0	4 330	155 524	1 555
7	8 965	897	89 652	10 399	478	143	5 492	3 466	95 144	1 040
6	3 814	382	38 142	8 690	1 382	415	15 889	2 897	54 031	797
5	0	0	0	9 660	2 777	833	31 933	3 220	31 933	833
4	0	0	0	8 314	1 732	520	19 918	2 772	19 918	520
3	0	0	0	8 375	994	298	11 429	2 791	11 429	298
2	0	0	0	7 187	686	206	7 889	2 396	7 889	206
1	0	0	0	6 290	572	172	6 579	2 097	6 579	172

表 11-2 表明，产品 2 在第 1~5 年内具有显著优势。第 8 年之后，产品 1 显示出显著的优势。无论两种产品之间的合作如何，投资都可以向优质产品倾斜。Lotka-Volterra MCGP 模型优化结果的详细数据如表 11-3 所示。

表 11-3 Lotka-Volterra MCGP 模型的求解结果（P_1, P_2）

投资期	P_1	C_1	O_1	M_1	P_2	C_2	O_2	M_2	O_T	C_T
10	16 358	1 636	163 584	18 022	5 453	1 636	62 708	6 008	226 292	3 272
9	17 416	1 742	174 164	15 611	5 782	1 734	66 499	5 203	240 663	3 476
8	11 243	1 125	112 425	12 993	3 746	1 124	43 083	4 330	155 508	2 249
7	6 878	688	68 781	10 399	2 292	687	26 357	3 466	95 138	1 375
6	4 432	444	44 323	8 690	1 477	444	16 991	2 897	61 314	888
5	2 309	231	23 089	9 660	770	231	8 851	3 220	31 940	462
4	1 440	144	14 399	8 314	480	144	5 519	2 772	19 918	288
3	827	82	8 266	8 375	275	82	3 165	2 791	11 431	164
2	570	57	5 696	7 187	189	57	2 174	2 396	7 870	114
1	476	47	4 763	6 290	159	47	1 826	2 097	6 589	94

表 11-3 表明，MCGP 模型和 Lotka-Volterra MCGP 模型优化值之间存在显著差异。Lotka-Volterra MCGP 模型的优化结果可以创造更多的利润，Lotka-Volterra MCGP 模型的种群优化规模是对 MCGP 模型优化的一个改进。两个产品协同合作的优势证实了投资不应该仅向单一的优势产品倾斜。

第五节　结　论

本书将种群生态学模型（Lotka-Volterra 模型）与 MCGP 模型相结合，建立了一个考虑资源约束、投入产出和产品种群协同的优化分析 Lotka-Volterra MCGP 模型。结果表明，两种模型的结合提高了产品种群规模的适宜度水平。在企业产品组合系统中，多个相关产品种群相互影响，存在交互行为。这种相互影响的行为可以表现为协作或竞争的形式。模型中设置了资源总量约束变量，充分体现了资源约束机制。生态系统可以进行自组织进化，种群之间或种群内部的合作可以促进"双赢"局面的形成。然而，现实中负面案例的存在对产品组合系统的自组织演化提出了挑战。这是由于缺乏对产品组合系统互动机制的深入分析。产品种群系统是复杂的，它的运行不可避免地受到产品间交互关系的影响。Lotka-Volterra MCGP 模型充分考虑了资源约束对不同产品种群的影响，并且该模型可以用来分析资源约束对系统演化方向的影响。

　　管理者在制订产品政策时，应该认识到产品开发客观过程的复杂性。企业不应盲目鼓励产品规模扩张。在很多情况下，企业只考虑产品种群的规模，而忽略了产品种群的发展结构，从而制约了产品组合系统的投入、产出效率。不同类型的企业可以借鉴本章的研究成果，制订相应的产品政策和生产规划，引导产品种群规模的适度发展。同时，企业可以运用该方法来分析不同产品的竞争状况，根据竞争态势分析的结果调整产品开发策略和资源配置。本章运用产品种群 Lotka-Volterra MCGP 模型方法研究了适宜的种群规模和结构。目前的研究没有考虑产品种群的不同生命周期。产品种群在整个生命周期中，对资源的需求是不断变化的。今后的研究应考虑到产品种群生命周期的特点，并将生命周期因素纳入分析模型。

参考文献

[1] FUKUDA K.Science, technology and innovation ecosystem transformation toward society 5.0[J].Int.J.Prod.Econ, 2020, 220: 107460.https: //doi. org/10.1016/j.ijpe.2019.07.033.

[2] DIVISEKERA S, NGUYEN V K.Determinants of innovation in tourism evidence from Australia[J].Tour.Manag, 2018, 67: 157-167[2022-10-10].https: //doi.org/10.10 16/j.tourman.2018.01.010.

[3] WEBB J, SPURLING T, FINCH A.Australia, innovation and international collaboration: Australia's collaboration with countries of Asia, with particular focus on[J/OL].Pakistan.Sci.Inq.Rev, 2018, 2(1): 1-10[2022-10-21].https: // doi. org/10.29145/sir/21/020101.

[4] SARKAR S F, POON J S, LEPAGE E, et al.Enabling a sustainable and prosperous future through science and innovation in the bioeconomy at agriculture and agri-food Canada[J/OL].N.Biotechnol, 2018, 40: 70-75[2022-11-21].https: //doi.org/10. 1016/j.nbt.2017.04.001.

[5] HELLSMARK H, MOSSBERG J, SODERHOLM P, et al.Innovation system strengths and weaknesses in progressing sustainable technology: the case of swedish biorefinery development[J/OL].J.Clean.Prod, 2016, 131: 702-715[2022-10-19].https: //doi.org/10.1016/j.jclepro.2016.04.19.

[6] KIM E S, BAE K J, BYUN J.The history and evolution: a big data analysis of the national innovation systems in South Korea[J/OL].Sustain, 2020, 12 (3): 1266[2022-10-21].https: //doi.org/10.3390/su12031266.

[7] VEGA A. Accessibility and the local concentration of economic activity: a case study for county Galway[J]. lrish Geography, 2012, 45(1): 25-44.

[8] TÖPFER S, CANTNER U, GRAF H.Structural dynamics of innovation networks in german leading-edge clusters[J/OL].J.Technol.Transf, 2019, 44 (6): 1816-1839[2022-10-31].https: //doi.org/10.1007/s10961-017-9642-4.

[9] DE GROOTE J K, BACKMANN J.Initiating open innovation collaborations between incumbents and startups: how can David and Goliath get along? [J/OL] Int.J.Innov.Manag, 2020, 24(2):2050011[2022-10-21].https: //doi.org /10.1142/ S1363919620500115.

[10] NELSON R R,NELSON K.Technology, institutions, and innovation systems. [J/OL]. Policy, 2021, 31(2): 265-272[2022-10-21].https: //doi.org/10.1016/S0048-7333 (1)00140-8.

[11] HASCHE N, HOGLUND L, LINTON G.Quadruple helix as a network of relationships: creating value within a swedish regional innovation system[J/OL]. J.Small Bus.Entrepren, 2020, 32(6): 523-544[2022-08-24].https: //doi.org/10.1 080/08276331.2019.1643134.

[12] ROBACZEWSKA J, VANHAVERBEKE W, LORENZ A.Applying open innovation strategies in the context of a regional innovation ecosystem: the case of Janssen pharmaceuticals[J/OL].Glob.Transitions, 2019, 1: 120-131[2022-08-01].https: // doi.org/10.1016/j.glt.2019.05.001.

[13] LUNDVALL B A.National innovation systems-analytical concept and development tool[J/OL].Ind.Innov, 2007, 14(1): 95-119[2022-09-04].https: // doi.org/10. 1080/13662710601130863.

[14] CHEN P C, HUNG S W.An actor-network perspective on evaluating the R&D linking efficiency of innovation ecosystems[J/OL].Technological forecasting and social change, 2016, 112: 303-312[2016-09-16].https: //doi.org/10.1016/ j.techfore.2016.09.016.

[15] XIE X, WANG H.How can open innovation ecosystem modes push product innovation forward?An fsQCA analysis[J/OL].J.Bus.Res, 2020, 108: 29-41[2022-10-11]. https: //doi.org/10.1016/j.jbusres.2019.10.011.

[16] CARAYANNIS E G, CAMPBELL D F J."Mode 3"and"Quadruple Helix": toward a 21st century fractal innovation ecosystem[J/OL].Int.J.Technol. Manag, 2009, 46 (3-4): 201-234[2021-11-19].https: //doi.org/10.1504 / ijtm.2009.023374.

[17] WEI X, DUAN Y, Wang M, et al.National innovation-oriented city evaluation study based on two-stage DEA model[J/OL].J.Appl.Math.Phys, 2017, 5(9): 1855-1873[2021-11-19].https: //doi.org/10.4236/jamp.2017.59156.

[18] HAJEK P, HENRIQUES R.Modelling innovation performance of European regions using multi-output neural networks[EB/OL].[2022-10-02].https: // doi. org/10.1371/journal.pone.0185755.

[19] PROKOP V, STEJSKAL J, HUDEC O.Collaboration for innovation in small CEE countries[J/OL].E & M Ekonomie a Management, 2019, 21 (1): 130-144[2022-09-29].https: // doi.org/10.15240/tul/001/2019-1-009.

[20] MEISSNER D.Public-private partnership models for science, technology and innovation cooperation[J/OL].J.Knowl.Econ, 2019, 10(4): 1341-1361[2022-10-12].https: //doi.org/10.1007/s13132-015-0310-3.

[21] CRESCENZI R, NATHAN M, RODRÍGUEZ-POSE A.Do inventors talk to strangers? On proximity and collaborative knowledge creation[J/OL]. Res.Policy, 2016, 45 (1): 177-194[2022-09-03].https: //doi.org/10.1016/ j.respol.2015.07.003.

[22] WEERAKOON C, MCMURRAY A J, RAMETSE N M, et al.Social capital and innovativeness of social enterprises: opportunity-motivation-ability and knowledge creation as mediators[J/OL].Know.Man.Res.& Practice，2019: 1-15[2022-10-24]. https: //doi.org/10.1080/14778238.2019.1590138.

[23] SHINKLE G A, SUCHARD J A.Innovation in newly public firms: the influence of government grants, venture capital, and private equity[J/OL]. Aust.J. Manag.2019, 44(2): 248-281[2022-10-23].https: //doi.org/10.1177/ 0312896218802611.

[24] NAMAZI M, MOHAMMADI E.Natural resource dependence and economic growth: a TOPSIS/DEA analysis of innovation efficiency[J/OL]. Resour. Policy, 2019, 59:544-552[2022-09-18].https: //doi.org/10.1016/ j.resourpol.2018.09.015.

[25] WEI F, FENG N, YANG S, et al.A conceptual framework of two-stage partner selection in platform-based innovation ecosystems for servitization[EB/OL]. Prod. https: //doi.org/10.1016 /j.jclepro.2020.121431.

[26] KARADAYI M A, EKINCI Y.Evaluating R&D performance of EU countries using categorical DEA[J/OL].Technol.Anal.Strateg.Manag, 2019, 31(2): 227-238[2022-02-21]. https: //doi.org/10.1080/09537325.2018.1493191.

[27] LUNDVALL B A.Product innovation and user-producer interaction [M]. Aalborg: Aalborg University Press, 1985.

[28] 克里斯托夫·弗里曼.技术政策与经济绩效:日本国家创新系统的经验 [M]. 张宇轩，译.南京:东南大学出版社, 2008.

[29] OECD.The knowledge based economy.The national innovation system[R]. [S.l.: s.n.]1996—1997.

[30] PCAST.Sustaining the nation's innovation ecosystems, information technology manufacturing and competitiveness[R].[S.l.: s.n.], 2004.

[31] PCAST.Sustaining the nation's innovation ecosystem: maintaining the strength of our science & engineering capabilities[R].[S.l.: s.n.], 2004.

[32] ADNER R.Match your innovation strategy to your innovation ecosystem[J]. Harvard business review, 2006, 84(4): 98-107.

[33] HOLGERSSON M, GRANSTRAND O, BOGERS M.The evolution

of intellectual property strategy in innovation ecosystems: uncovering complementary and substitute appropriability regimes[J].Long range planning, 2018, 51(2): 303-319.

[34] WITTE P, SLACK B, KEESMAN M, et al.Facilitating start-ups in port-city innovation ecosystems: a case study of montreal and rotterdam[J/OL]. Journal of transport geography, 2018(71): 224-234.[2022-02-10]https: //doi. org/10.1016/j.jtrangeo.2017.03.006.

[35] GRANSTRAND O. HOLGERSSON M. Innovation ecosystems: a conceptual review and a new definition[EB/OL]. https: //doi.org/ 10.1016/ j.technovation.2019.102098.

[36] DING L, WU J.Innovation ecosystem of CNG vehicles: a case study of its cultivation and characteristics in Sichuan, China[J]. Sustainability, 2018, 10(1): 39-55.

[37] WALRAVE B, TALMAR M, PODOYNITSYNA K S, et al.A multi-level perspective on innovation ecosystems for path breaking innovation[J/OL]. Technological forecasting and social change, 2018, 136: 103-113[2022-10-21]. https: //doi.org/10.1016/j.techfore.2017.04.011.

[38] TSUJIMOTO M, KAJIKAWA Y, TOMITA J, et al.A review of the ecosystem concept towards coherent ecosystem design[J/OL].Technological forecasting and social change, 2018, 136: 49-58[2021-12-30].https: //doi.org/10.1016/ j.techfore.2017.06.032.

[39] YAN M R, CHIEN K M, HONG L Y, et al.Evaluating the collaborative ecosystem for an innovation-driven economy: a systems analysis and case study of science parks[J].Sustainability, 2018, 10(3): 887-900.

[40] DE VASCONCELOS GOMES L A, FIGUEIREDO FACIN A L, SALERNO M S, et al.Unpacking the innovation ecosystem construct: evolution, gaps and trends[J/OL]. Technological forecasting and social change, 2018, 136: 30-

48[2021-12-29].https: //doi.org/10.1016/j.techfore.2016.11.009.

[41] ADNER R, KAPOOR R.Value creation in innovation ecosystems: how the structure of technological interdependence affects firm performance in new technological generations[J].Strategic Management Journal, 2010, 31(3): 306-333.

[42] GRANSTRAND O, HOLGERSSON M.Innovation ecosystems: a conceptual review and a new definition[J].Technovation, 2020, 90-91: 1-12.

[43] XIE X, WANG H.How can open innovation ecosystem modes push product innovation forward? An fsQCA analysis[J]. Journal of business research, 2020, 108: 29-41.

[44] RITALA P, AGOURIDAS V, ASSIMAKOPOULOS D, et al.Value creation and capture mechanisms in innovation ecosystems: a comparative case study [J]. International journal of technology management, 2013, 63(3-4): 244-265.

[45] SURIE G.Creating the innovation ecosystem for renewable energy via social entrepreneurship: insights from India[J].Technological forecasting and social change, 2017, 121: 184-195.

[46] 刘洪久，胡彦蓉，马卫民．区域创新生态系统适宜度与经济发展的关系研究 [J]. 中国管理科学，2013(S2)：764-770.

[47] 李万，常静，王敏杰，等．创新 3.0 与创新生态系统 [J]. 科学学研究，2014(12)：1761-1770.

[48] 李煜华，武晓锋，胡瑶瑛．共生视角下战略性新兴产业创新生态系统协同创新策略分析 [J]. 科技进步与对策，2014(2)：47-50.

[49] 吴绍波，顾新．战略性新兴产业创新生态系统协同创新的治理模式选择研究 [J]. 研究与发展管理，2014(1)：13-21.

[50] 陈衍泰，孟媛媛，张露嘉，等．产业创新生态系统的价值创造和获取机制分析：基于中国电动汽车的跨案例分析 [J]. 科研管理，2015(S1)：68-75.

[51] 李福，曾国屏．创新生态系统的健康内涵及其评估分析 [J]. 软科学，

2015(9):1-4+28.

[52] 张利飞, 吕晓思, 张运生. 创新生态系统技术依存结构对企业集成创新竞争优势的影响研究 [J]. 管理学报, 2014, 11(2): 229-237.

[53] 颜永才. 新常态下企业创新生态系统与自主创新战略研究 [J]. 科学管理研究, 2015(5): 74-77.

[54] 曾国屏, 苟尤钊, 刘磊. 从"创新系统"到"创新生态系统" [J]. 科学学研究, 2013(1): 4-12.

[55] 赵放, 曾国屏. 多重视角下的创新生态系统 [J]. 科学学研究, 2014(12): 1781-1788+1796.

[56] 黄鲁成, 区域技术创新生态系统的稳定机制 [J]. 研究与发展管理, 2003(4): 48-52+58.

[57] 隋映辉, 城市创新生态系统与"城市创新圈" [J]. 社会科学辑刊, 2004(2): 65-70.

[58] 孙洪昌. 开发区创新生态系统建构、评价与二次创业研究 [D]. 天津: 天津大学, 2007.

[59] 陈斯琴, 顾力刚. 企业技术创新生态系统分析 [J]. 科技管理研究, 2008(7): 453-454+447.

[60] 张利飞, 高科技企业创新生态系统运行机制研究 [J]. 中国科技论坛, 2009(4): 57-61.

[61] 颜永才. 产业集群创新生态系统的构建及其治理研究 [D]. 武汉: 武汉理工大学, 2013.

[62] 冉奥博, 刘云. 创新生态系统结构、特征与模式研究 [J]. 科技管理研究, 2014, 34(23): 53-58.

[63] 罗国锋, 林笑宜. 创新生态系统的演化及其动力机制 [J]. 学术交流, 2015(8): 119-124.

[64] EHRLICH P R, RAVEN P H. Butterflies and plants:a study in coevolution[J]. Evolution, 1964,18(4): 586-608.

[65] DANIEL H.When is it coevolution?[J].Evolution, 1980, 34(3): 611-612.

[66] 李文华, 韩福荣, 王立志 . 企业聚集共存机理分析与实证 [J]. 北京工业大学学报 (社会科学版), 2005(2): 6-10+16.

[67] 黄鲁成, 张红彩 . 基于生态学的通讯设备制造业的技术创新种群演化分析 [J]. 中国管理科学, 2006(5): 143-148.

[68] 王子龙, 谭清美, 许箫迪 . 产业系统演化模型及实证研究 [J]. 统计研究, 2007 (2): 47-54.

[69] FELSON M, SPAETH J L.Community structure and collaborative consumption: a routine activity approach[J].American behavioral scientist, 1978, 21: 614-624.

[70] BENKER Y.Coase's penguin, or, linux and the nature of the firm[J].Yale law journal, 2002, 112: 153-186.

[71] 郑联盛 . 共享经济: 本质、机制、模式与风险 [J]. 国际经济评论, 2017, 6: 45-69.

[72] BENKLER Y. Sharing nicely:on shareable goods and the emergence of sharing as a modality of economic production[J].Yale law journal, 2004, 11(114): 273-358.

[73] 姚余栋, 杨涛 . 共享金融 : 大变革时代金融理论有了突破点 [N]. 上海证券报, 2015-09-08(009).

[74] 克莱 · 舍基 . 认知盈余 [M]. 胡泳, 译 . 北京: 中国人民大学出版社, 2011.

[75] 卢现祥 . 共享经济: 交易成本最小化、制度变革与制度供给 [J]. 社会科学战线, 2016(9): 51-61.

[76] 杨学成, 涂科 . 共享经济背景下的动态价值共创研究: 以出行平台为例 [J]. 管理评论, 2016(12): 258-268.

[77] BOTSMAN R.What's mine is yours: the rise of collaborative consumption[J]. Publishers weekly, 2010, 257(32): 21-23.

[78] 齐永智, 张梦霞 . 共享经济与零售企业: 演进、影响与启示 [J]. 中国流通经济, 2016(7): 66-72.

[79] 杰里米·里夫金．零边际成本社会 [M]．赛迪研究院专家组，译．北京：中信出版社，2014.

[80] 董成惠．共享经济：理论与现实 [J]．广东财经大学学报，2016(5)：4-15.

[81] 刘奕，夏杰长．共享经济理论与政策研究动态 [J]．经济学动态，2016(4)：116-125.

[82] NOV O, NAMAN M, CHEN Y. Analysis of participation in an online photo-sharing community:a multidimensional perspective[J]. Journal of the American society for information science and technology, 2010, 61(3): 555-566.

[83] 鄂春林．基于场景视角的互联网金融资产端创新 [J]．新金融，2017，2：45-49.

[84] 彭兰．场景：移动时代媒体的新要素 [J]．新闻记者，2015(3)：20-27.

[85] 国家信息中心．中国分享经济发展报告 2017[R/OL].(2017-03-02)[2017-07-23]. http://www.sic.gov.cn/News/250/7737.htm.

[86] PORTER M E, KRAMER M R. The big idea: creating shared value[J]. Harvard business review, 2011, 89(1): 62-77.

[87] 中国人民银行．2016 年支付体系运行总体情况 [R].[S.l.: s.n.], 2017.

[88] 艾瑞咨询．2016Q4 第三方移动支付达到 18.5 万亿元 [R].[S.l.: s.n.], 2017.

[89] PAYPAL.The Online And Mobile Payment Market[EB/OL].(2017-09-21)[2017-09-21]. https://www.statista.com/statistics/218493/paypals total active registered-accounts-from-2010/.

[90] VIAINVEST.P2P Lending Volumes In USA And Europe[EB/OL]. (2017-03-20) [2022-08-01].https://viainvest.com/blog/p2p-lending-volumes-in-usa-and-europe/.

[91] 网贷之家．2016 年度网贷行业发展报告 [EB/OL].(2017-01-06)[2017-06-27]. http://www.wdzj.com/news/yybb/51424.html.

[92] CULOT G, NASSIMBENI G, ORZES G, et al.Behind the definition of industry 4.0: analysis and open questions[J].International journal of production

economics, 2020, 226: 107-617.

[93] FRANK A G, DALENOGARE L S, AYALA N F.Industry 4.0 technologies: implementation patterns in manufacturing companies[J].International journal of production economics, 2019, 210: 15-26.

[94] KUSIAK A.Smart manufacturing[J].International journal of production research, 2018, 56: 508-517.

[95] TAO F, QI Q, LIU A, et al.Data-driven smart manufacturing[J].Journal of manufacturing systems, 2018, 48: 157-169.

[96] YANG J, YING L, GAO M.The influence of intelligent manufacturing on financial performance and innovation performance: the case of China[J]. Enterprise information systems, 2020, 14(6): 812-832.

[97] SU Y C, CHENG F T, HUNG M H, et al.Intelligent prognostics system design and implementation[J].IEEE transactions on semiconductor manufacturing, 2006, 19(2): 195-207.

[98] KIEL D, ARNOLD C, VOIGT K I.The influence of the industrial internet of things on business models of established manufacturing companies: a business level perspective[J].Technovation, 2017(68): 4-19.

[99] GIESSMANN A, LEGNER C.Designing business models for cloud platforms[J]. Information systems journal, 2016, 26(5): 551-579.

[100] 工业和信息化部.国家智能制造标准体系建设指南（2018 年版）[EB/ OL].（2018-08-14）[2022-08-17].http://www.gov.cn/xinwen/2018-10/16/ content_5331149.html.

[101] CHESBROUGH H, BOGERS M.Explicating open innovation: clarifying an emerging paradigm for understanding innovation.[M]// CHESBROUGH H, VANHAVERBEKE W, W J.New frontiers in open innovation.Oxford: Oxford university press, 2014: 3-28.

[102] GHOBAKHLOO M, FATHI M.Corporate survival in industry 4.0 era: the

enabling role of lean-digitized manufacturing[J]. Manuf.Technol. Manag, 2019, 31(1): 1-30.

[103] SMART P, HOLMES S, LETTICE F, et al.Open science and open innovation in a sociopolitical context: knowledge production for societal impact in an age of post-truth populism[J].R D Manag, 2019, 49(3): 279-297.

[104] FAJSI A, TEKIC Z, MOROCA S.Open innovation in manufacturing SMEs-integration into value networks[M].KATALINIC B.Proceedings of the 26th DAAAM international symposium.7: by DAAAM international, Vienna, Austria, 2016.

[105] CHESBROUGH H W, VANHAVERBEKE W.Open innovation and public policy in the EU with implications for SMEs[J].World scientific book chapters, 2018: 455-492.

[106] ALASSAF D, DABI'C M, SHIFRER D, et al.The impact of open-border organization culture and employees' knowledge, attitudes, and rewards with regards to open innovation: an empirical study[J/OL].Knowl.Manag, 2020, 24(9): 2273-2297[2022-01-22].https: //doi.org/10.1108/JKM-02-2020-0122.

[107] DODGSON M, GANN D, SALTER A.The role of technology in the shift towards open innovation: the case of Procter & Gamble[J].R D Manag, 2006, 36(3): 333-346.

[108] DAVIS J R, RICHARD E E, KEETON K E.Open innovation at NASA: a new business model for advancing human health and performance innovations[J]. Res. Technol.Manag, 2015, 5(3): 52-58.

[109] CHESBROUGH H W.Open innovation: the new imperative for creating and profiting from technology[M].Boston, MA:Harvard business school press, 2003.

[110] GASSMANN O, ENKEL E, CHESBROUGH H.The future of open innovation[J].R D Manag, 2010, 40(3): 213-221.

[111] BOGERS M, ZOBEL A K, AFUAH A, et al.The open innovation research landscape: established perspectives and emerging themes across different levels of analysis[J].Ind.Innovat, 2017, 24(1): 8-40.

[112] WEST J, BOGERS M.Leveraging external sources of innovation: a review of research on open innovation[J].J.Prod. Innovat.Manag, 2014, 31(4): 814-831.

[113] WEBER B, HEIDENREICH S.When and with whom to cooperate? Investigating effects of cooperation stage and type on innovation capabilities and success[J].Long range planning, 2018, 51(2): 334-350.

[114] CUI A S, XIAO Y.The role of market and technical information generation in new product development[J].J.Prod.Innovat.Manag, 2019, 36(3): 305-330.

[115] TEECE D J.Business models and dynamic capabilities[J]. Long range planning, 2018, 51(1): 40-49.

[116] LAURSEN K, SALTER A.Open for innovation: the role of openness in explaining innovation performance among U.K.manufacturing firms[J]. Strat. Manag.J, 2006, 27(2): 131-150.

[117] DANNEELS E, KLEINSCHMIDT E J.Product innovativeness from the firm's perspective: its dimensions and their relation with project selection and performance[J].J.Prod.Innovat.Manag, 2001, 18(6): 357-373.

[118] COUSINS P, LAWSON B, PETERSEN K, et al.Breakthrough scanning, supplier knowledge exchange and new product development performance[J]. J.Prod. Innovat.Manag, 2011, 28(6): 930-942.

[119] DANNEELS E.Trying to become a different type of company: dynamic capability at smith corona[J].Strat.Manag.J, 2011, 32(1): 1-31.

[120] NAQSHBANDI M M, JASIMUDDIN S M.Knowledge-oriented leadership and open innovation: role of knowledge management capability in France-based multinationals[J].Int.Bus.Rev,2020,27(3): 701-713.

[121] JASIMUDDIN S M, NAQSHBANDI M M.Knowledge infrastructure capability, absorptive capacity and inbound open innovation: evidence from SMEs in France[J].Prod.Plann.Contr.2019, 30(10/11/12): 893-906.

[122] COHEN W, LEVINTHAL D.Absorptive capacity: a new perspective on learning and innovation[J].Adm.Sci.Q, 1990, 35(1): 128-152.

[123] GARRIGA H, VON KROGH G, SPAETH S.How constraints and knowledge impact open innovation[J].Strat.Manag.J, 2013, 34(9): 1134-1144.

[124] DEMIR R, ANGWIN D.Multidexterity: combining competing business models in transforming economies[J].Management and organization review, 2022,8(4):1-32.

[125] SALTER A, WAL A, CRISCUOLO P, et al.Open for ideation: individual-level openness and idea generation in R&D[J].J.Prod.Innovat. Manag, 2015, 32(4): 488-504.

[126] LOPEZ-VEGA H, TELL F, VAN HAVERBEKE W.Where and how to search? Search paths in open innovation[J].Res.Pol.2016, 45(1): 125-136.

[127] GRIGORIOU K, ROTHAERMEL F T.Structural microfoundations of innovation[J].J.Manag, 2014, 40(2): 586-615.

[128] MOORE J F.Predators and prey: a new ecology of competition[J].Harv.Bus. Rev, 1993, 71: 75-86.

[129] MOORE J F.Death of competition: leadership and strategy in the age of business ecosystems[M].New York: Harper business, 1996.

[130] MOORE J F.Business ecosystems and the view from the firm[J].Antitrust bull, 2006, 51: 31-75.

[131] 孙冰，徐晓菲，姚洪涛.基于 MLP 框架的创新生态系统演化研究 [J]. 科学学研究，2016，34(8)：1244-1254.

[132] ADNER R.Ecosystem as structure: an actionable construct for strategy[J]. Journal of management, 2017, 43(1): 39-58.

[133] Davis J P.The group dynamics of interorganizational relationships: collaborating with multiple partners in innovation ecosystems[J].Adm.Sci.Q, 2016, 61: 621-661.

[134] KAPOOR R.Ecosystems broadening the locus of value creation[J]. J.Organ Dysfunct, 2018, 7: 1-16.

[135] JACOBIDES M G, CENNAMO C, GAWER A.Towards a theory of ecosystems[J]. Strat.Manag.J, 2018, 39: 2255-2276.

[136] ALBERT D, KREUTZER M, LECHNER C.Resolving the paradox of interdependency and strategic renewal in activity systems[J].Acad.Manag. Rev, 2015, 40: 210-234.

[137] THOMAS L D W, AUTIO E.Innovation ecosystems in management: an organizing typology[M].Oxford:Oxford university press, UK,2020.

[138] DATT'EE B, ALEXY O, AUTIO E.Maneuvering in poor visibility: how firms play the ecosystem game when uncertainty is high[J]. Acad.Manag.J, 2018, 61: 466-498.

[139] DEKEN F, BERENDS H, GEMSER G, et al.Strategizing and the initiation of interorganizational collaboration through prospective resourcing[J]. Acad. Manag.J, 2018, 61: 1920-1950.

[140] ENNEN E, RICHTER A.The whole is more than the sum of its parts or is it[J]. A review of the empirical literature on complementarities in organizations.J.Manag, 2010, 36: 207-233.

[141] HOU H, CUI Z, SHI Y.Learning club, home court, and magnetic field: facilitating business model portfolio extension with a multi-faceted corporate ecosystem[J].Long range planning, 2020, No.101970.

[142] MCINTYRE, D P, SRINIVASAN A.Networks, platforms, and strategy: emerging views and next steps[J/OL].Strat.Manag.J, 2017, 38: 141-160[2017-12-21]. https: // doi. org/10.1002/smj.2596.

[143] RITALA P, ALMPANOPOULOU A.Defense of "ECO" in innovation ecosystem[J].Technovation, 2017(60-61): 39-42.

[144] TEECE D J.Next generation competition: new concepts for understanding how innovation shapes competition and policy in the digital economy[J].J.Law, Econ.Policy 9: 97-118.

[145] CHANDLER J D, LUSCH R F.Service systems: a broadened framework and research agenda on value propositions, engagement, and service experience [J]. J.Serv.Res, 2015, 18: 6-22.

[146] CHANDLER J D, VARGO S L.Contextualization and value-in-context: how context frames exchange[J].Market.Theor, 2011, 11: 35-49.

[147] GAWER A, CUSUMANO M A.Industry platforms and ecosystem innovation[J]. J.Prod.Innovat.Manag, 2014, 31: 417-433.

[148] RONG K, HU G, LIN Y, et al.Understanding business ecosystem using a 6C framework in internet-of-things-based sectors[J].Int.J. Prod.Econ, 2015, 159: 41-55.

[149] LEWIN A Y, VOLBERDA H W.Prolegomena on coevolution: a framework for research on strategy and new organizational forms[J].Organ. Sci, 1999, 10: 519-534.

[150] MCKELVEY B, LICHTEINSTEIN B B, PIERPAOLO.When organisations and ecosystems interact: toward a law of requisite fractality in firms [J]. Lichtenstein Pierpaolo Andriani.Int.J.Complex Leader.Manag, 2012, 2: 104-136.

[151] PRIGOGINE I.Introduction to thermodynamics of irreversible processes[M]. New York: Interscience Publishers, 1968.

[152] ANSARI S, GARUD R, KUMARASWAMY A.The disruptor's dilemma: tivo and the U.S[J].Television Ecosystem.Strat.Manag.J, 2016, 37: 1829-1853.

[153] SNIHUR Y, THOMAS L D W, BURGELMAN R A.An ecosystem-level

process model of business model disruption: the disruptor's gambit[J]. J.Manag. Stud, 2018, 55: 1278-1316.

[154] AARIKKA-STENROOS L, RITALA P.Network management in the era of ecosystems: systematic review and management framework[J]. Ind.Market. Manag, 2017, 67: 23-36.

[155] CECCAGNOLI M, ROTHAERMEL F T.Appropriability strategies to capture value from innovation[M]//Advances in The Study of Entrepreneurship, Innovation, and Economic Growth.Emerald:Emerald Group Publishing Ltd., 1996:1-31

[156] MÖLLER K, SVAHN S.Managing strategic nets[J].Market. Theory, 2003, 3: 209-234.

[157] SIRMON D G, HITT M A, IRELAND R D, et al.Resource orchestration to create competitive advantage: breadth, depth, and life cycle effects[J].J.Manag, 2011, 37: 1390-1412.

[158] SANTOS F M, EISENHARDT K M.Organizational boundaries and theories of organization[J].Organ.Sci, 2015, 16: 491-508.

[159] DHANARAJ C, PARKHE A.Orchestrating innovation networks[J].Acad. Manag, 2005, 31: 659-669.

[160] NAMBISAN S, SAWHNEY M.Orchestration processes in network-centric innovation: evidence from the field[J].Acad.Manag. Perspect, 2011, 25: 40-57.

[161] GADDE L E, HUEMER L, HAKANSSON H.Strategizing in industrial networks[J].Ind.Market.Manag, 2003, 32: 357-364.

[162] GULATI R, PURANAM P, TUSHMAN M.Meta-organization design: rethinking design in interorganizational and community contexts[J]. Strat. Manag. J, 2012, 33: 571-586.

[163] LUO J.Architecture and evolvability of innovation ecosystems[J]. Technol.

Forecast.Soc.Change ,2018,136: 132-144.

[164] SCHMIDT T, BRAUN T.When co-specialization leads to rigidity: path dependence in successful strategic networks[J].Schmalenbach Bus, 2015, 67: 489-515.

[165] SAADATMAND F, LINDGREN R, SCHULTZE U.Configurations of platform organizations: implications for complementor engagement[J].Res. Pol,2019, 48(8):103770.

[166] WAREHAM J, FOX P B, CANO GINER J L.Technology ecosystem governance[J].Organ.Sci, 2014, 25: 1195-1215.

[167] MCINTYRE D P, SRINIVASAN A.Networks, platforms, and strategy: emerging views and next steps[J/OL].Strat.Manag.J, 2017, 38: 141-160[2017-12-12].https: // doi. org/10.1002/smj.2596.

[168] CONSTANTINIDES P, HENFRIDSSON O, PARKER G G.Platforms and infrastructures in the digital age[J/OL].Inf.Syst.Res, 2018, 29: 381-400[2018-07-04].https: // doi.org/10.1287/isre.2018.0794.

[169] DE REUVER M, SRENSEN C, BASOLE R C.The digital platform: a research agenda[J].J.Inf.Technol, 2018, 33: 124-135.

[170] YOO Y, BOLAND R J, LYYTINEN K, et al.Organizing for innovation in the digitized world[J].Organ.Sci, 2012, 23: 1398-1408.

[171] YOO Y.The tables have turned[J].J.Assoc.Inf.Syst.,2013, 14: 227-236.

[172] CENNAMO C, SANTALO J.Generativity tension and value creation in platform ecosystems[J].Organ.Sci, 2019, 30: 617-641.

[173] HAGIU A, WRIGHT J.Multi-sided platforms[J]. Int.J.Ind.Organ, 2015, 43: 162-174.

[174] KAPOOR R, AGARWAL S.Sustaining superior performance in business ecosystems: evidence from application software developers in the iOS and android smartphone ecosystems[J].Organ.Sci, 2017, 28: 531-551.

[175] PARKER G, VAN ALSTYNE M, CHOUDARY S.Platform revolution: how networked markets are transforming the economy and how to make them work for you[M].New York: W. W. Norton & Company, 2016.

[176] RAMASWAMY V, OZCAN K.What is co-creation? An interactional creation framework and its implications for value creation[J]. J. Bus. Res., 2018, 84: 196-205.

[177] HENFRIDSSON O, NANDHAKUMAR J, SCARBROUGH H, et al. Recombination in the open-ended value landscape of digital innovation[J].Inf. Organ, 2018, 28: 89-100.

[178] FROW P, PAYNE A.A stakeholder perspective of the value proposition concept[J].Eur.J.Market, 2011, 45: 223-240.

[179] DATTÉE B, ALEXY O, AUTIO E.Maneuvering in poor visibility: how firms play the ecosystem game when uncertainty is high[J]. Acad. Manag. J, 2018, 61: 466-498.

[180] HELFAT C E, RAUBITSCHEK R S.Dynamic and integrative capabilities for profiting from innovation in digital platform-based ecosystems[J].Res. Pol, 2018, 47: 1391-1399.

[181] SANTOS F M, EISENHARDT K M.Organizational boundaries and theories of organization[J].Organ. Sci, 2005, 16: 491-508.

[182] JEON M M, LEE S, JEONG M.Perceived corporate social responsibility and customers' behaviors in the ridesharing service industry[J].Int. J. Hosp. Manag, 2020, 84: 102-341.

[183] MI Z, COFFMAN D.The sharing economy promotes sustainable societies [J/OL].Nat.Commun, 2019, 10: 1214[2022-10-15].https: //doi.org/10.1038/ s41467-019-09260-4.

[184] WANG Y B, HO C W. No money? No problem! The value of sustainability: social capital drives the relationship among customer identification and

citizenship behavior in sharing economy[J].Sustainability, 2017, 9(8): 1-17.

[185] LOBSCHAT L, MUELLER B, EGGERS F, et al.Corporate digital responsibility [J].J. Bus. Res., 2021, 122: 875-888.

[186] COHEN B D, KIETZMANN J.Ride on! Mobility business models for the sharing economy[J].Organ.Environ, 2014, 27(3): 279-296.

[187] GRINEVICH V, HUBER F, BAINES L, et al.Upscaling in the sharing economy: insights from the UK[EB/OL].(2020-06-23)[2022-08-25]. https: //cdn. Southampton.ac.uk/assets/imported/transfor ms/content-block/ UsefulDownloads_Download/F5AD726CE72044E8AE3 ECD7C B910CE9D/ finalreport- scaling- up-economy.pdf.

[188] EPRS.The cost of non-Europe in the sharing economy; economic, social and legal challenges and opportunities[EB/OL].(2022-09-23)[2020-06-23]. https: //www.europarl. europa.eu/ RegData/etudes/ STUD/2016/558777/ EPRS_ STU(2016)558777_EN.pdf.

[189] SCHOR J B, THOMPSON C J.Sustainable lifestyles and the quest for plenitude: case studies of the new economy[M].New Haven:Yale University Press, 2014.

[190] KOLODINSKY R, MADDEN T, ZISK D, et al.Attitudes about corporate social responsibility: business student predictors[J]. J. Bus, 2010, 91(2): 167-181.

[191] DABBOUS A, TARHINI A.Assessing the impact of knowledge and perceived economic benefits on sustainable consumption through the sharing economy: a sociotechnical approach[J].Technol.Forecast.Soc.Change, 2019, 149: 119775.

[192] PORTER M E, KRAMER M R.How to reinvent capitalism and unleash a wave of innovation and growth[J].Harvard Bus.Rev.,2011,89(1-2): 62-77.

[193] NADEEM W, JUNTUNEN M, SHIRAZI F, et al.Consumers' value co-

creation in sharing economy: the role of social support, consumers' ethical perceptions and relationship quality[J].Technol. Forecast.Soc. Change, 2020, 151: 119786.

[194] CRANE A, PALAZZO G, SPENCE L J, et al.Contesting the value of "creating shared value"[J].California Manag.Rev.,2014, 56(2), 130-153.

[195] CHENG M, ZHANG G, WONG I A.Spanning across the boundary of airbnb host community: a network perspective[J].Int.J.Hosp.Manag.,2020, 89: 102541.

[196] HWANG J.Managing the innovation legitimacy of the sharing economy[J]. Int.J.Qual.Innov.,2019, 5: 1.

[197] ECKHARDT G M, BARDHI F.The sharing economy isn't about sharing at all[EB/OL].(2021-03-24)[2022-08-28].Harvard Bus.Rev.https: //hbr.org/ 2015/01/ the-sharing-economy-isnt-about-sharing-at-all.

[198] RONG K, XIAO F, ZHANG X, et al.Platform strategies and user stickiness in the online video industry[J]. Technol. Forecast.Soc. Change, 2019, 143: 249- 259.

[199] KRAMER M R, PFITZER M W.The ecosystem of shared value[J].Harvard Bus.Rev.,2016, 94(10): 80-89.

[200] PFITZER M, BOCKSTETTE V, STAMP M.Innovating for shared value[EB/ OL]. (2020-06-30)[2022-08-19] .https: //hbr. org/2013/09/ innovating- for- shared-value.

[201] EDELMAN B G, LUCA M, DAN S.Racial discrimination in the sharing economy: evidence from a field experiment[J]. Am. Econ. J. Appl. Econ.,2013, 9(2): 1-22.

[202] BECKERT J.The great transformation of embeddedness: karl polanyi and the new economic sociology.Hrsg[In]//HANN C, HART K.Market and society: the great transformation today.New York: Cambridge University Press, 2009.

[203] LAWRENCE T B, LECA B, ZILBER T. Institutional work: current research, new directions and overlooked issues[J]. Organization studies, 2013, 34(8): 1023-1033.

[204] BUCHER E, FIESELER C, LUTZ C.What's mine is yours (for a nominal fee) exploring the spectrum of utilitarian to altruistic motives for internet-mediated sharing[J].Comput.Hum.Behav.,2016, 62: 316-326.

[205] FRAIBERGER S P, SUNDARARAJAN A.Peer-to-peer rental markets in the sharing economy[EB/OL].(2021-03-24)[2022-09-28].https: // papers.ssrn. com/s ol3/papers. cfm?Abstract_id=2574337.

[206] HORTON J J, ZECKHAUSER R J.Owning, using and renting: some simple economics of the sharing economy[M].National bureau of economic research, 2016.

[207] PRAHALAD C K, RAMASWAMY V.Co-creation experiences: the next practice in value creation[J]. J. Interact. Market., 2004, 18(3): 5-14.

[208] PARENTE R, RONG K, GELEILATE, J M, et al.Adapting and sustaining operations in weak institutional environments: a business ecosystem assessment of a Chinese MNE in Central Africa[J]. J. Int. Bus.Stud.,2019, 50: 275-291.

[209] FOSS N.Managing motivation for joint production: the role of goal framing and governance mechanisms[J].Acad.Manag.Rev.,2011, 3(6): 500-525.

[210] KENNEY M.Understanding silicon valley: the anatomy of an entrepre- neurial region[M].Redwood City: Stanford University Press, 2000.

[211] COOPER R G, EDGETTS J, KLEINSCHMIDT E J.New products, new solutions: making portfolio management more effective[J.]Journal of product innovation management, 2001, 18(1): 52-53.

[212] BAYOUM E, REINSTEIN A.Analyzing the product mix decision by using a fuzzy hierarchical model[J].Manage.Finan, 2005, 31(3): 35-48.

[213] CHUNG S, LEE A, PEARN W.Product mix optimization for semiconductor manufacturing based on AHP and ANP analysis[J].Int J Adv Manuf Technol, 2005, 25: 1144-1156.

[214] RAO S K.Re-energizing a product portfolio: case study of a pharmac- eutical merger[J].Journal of business strategy, 2009, 30(6): 52-62.

[215] GOLDRATT E M.The haystack syndrome: sifting information out of the data ocean[M].Croton-on-Hudson: North River Press, 1990.

[216] LUEBBE R, FINCH B.Theory of constraints and linear programming-a comparison[J].International journal of production research, 1992, 39(6): 1471-1478.

[217]TANHAEI F, NAHAVANDI N.Algorithm for solving product mix problem in two-constraint resources environment[J].Int J Adv Manuf Technol, 2013,64: 1161-1167.

[218]OKUTMUS E, KAHVECI A,ARTAŠOVA J K.Using theory of constraints for reaching optimal product mix: an application in the furniture sector[J]. Intellectual Economics, 2015, 9: 138-149.

[219] BHATTACHARYYA R, CHATTERJEE A, KAR S.Uncertainty theory based novel multi-objective optimization technique using embedding heorem with application to R&D project portfolio selection[J]. Applied mathematics, 2010, 1: 189-199.

[220] BHATTACHARYYA R, KUMAR P,KAR S.Fuzzy R&D portfolio selection of interdependent projects[J].Computers and mathematics with applications, 2011, 62: 3857-3870.

[221] GUO S, YU L, LI X, et al.Fuzzy multiperiod portfolio selection with different investment horizons[J].European journal of operational research, 2016, 4: 1-10.

[222] DEBNATH A, ROY J,KAR S, et al.Antucheviciene, a hybrid MCDM

approach for strategic project portfolio selection of agro by-products[J]. sustainability, 2017, 9(1302): 1-33.

[223] KAR M B, MAJUMDER S,PAL T.Cross-entropy based multi-objective uncertain portfolio selection problem[J].Journal of intelligent & fuzzy systems, 2017, 32: 4467-4483.

[224] KAR M B, KAR S, GUO S, et al.A new bi-objective fuzzy portfolio selection model and its solution through evolutionary algorithms[J].Soft computing, 2018, 23: 4367-4381.

[225] ROBER B. Determing the appropriate depth and breadth of a firm's product portfolio[J].Journal of marketing research, 2003, 40(2): 39-53.

[226] FRUCHTER G, FLIGLER A, MNER R S.Optimal product line design: genetic algorithm approach to mitigate cannibalization[J].Journal of optimization theory and applications, 2006, 131(2): 227-244.

[227] OMMERING R V. Beyong product families: building a product population[J]. Lecture notes in computer science, 2000, 1951: 187-198.

[228] KAZUHIKO Y, YASUNARI M, MASARU Y.Integration of life cycle assessment and population balance model for assessing environmental impacts of product population in social scale case studies for the global scale case studies for the global warming potential of air conditioners in Japan[J]. The international journal of life cycle assessment, 2003, 8(3): 129-136.

[229]KIM S, OGUCHI M, YOSHIDA A.Estimating the amount of WEEE generated in South Korea by using the population balance model[J].Waste management, 2013, 33(2): 474-483.

[230] 罗纯军，彭志强，伊辉勇.基于产品生态位的产品种群演绎分析[J].企业经济，2017，36(5)：12-19.

[231] 伊辉勇，凌艳涛.企业产品种群规模稳定性和年龄结构优化模型[J].系统工程学报，2016，31(5)：575-583.

[232] CHANG C T.Multichoice goal programming[J].Omega, 2007, 35(4): 389-396.

[233] WANG S Y, CHEN W M, LIU Y.Collaborative product portfolio design based on the approach of multi choice goal programming[EB/OL].(2022-08-19) [2022-12-21]. https: //doi.org/ 10.1155/2021/6678533.

[234] WANG S Y, CHEN W M, WANG R, et al. Study on the coordinated development of urbanization and water resources utilization efficiency in China[J]. Water supply, 2022.

[235] WANG S Y, CHEN W M, WU X L.Competition analysis on industry populations based on a three-dimensional lotka-volterra model[EB/OL]. (2021-04-12)[2022-08-19]. https: // doi.org/10.1155/2021/9935127.

[236] WANG S Y, CHEN W M, WANG R, et al.Multi-objective evaluation of co-evolution among innovation populations based on lotka-volterra equili- brium[EB/OL].(2021-06-08)[2021-08-19]. https: //doi. org/10.1155/2021/5569108, 2021.

[237] WANG S Y, CHEN W M, LIU Y, et al.Research on the decision mechanism of university-enterprise collaborative innovation based on quantum cognition[EB/OL].(2021-08-21)[2022-08-19]. https: //doi.org/ 10.1155/2021/ 5577792, 2021.

[238] WANG S Y, WU X L, XU M, et al.The evaluation of synergy between university entrepreneurship education ecosystem and university students'entrepreneurship performance[EB/OL].(2021-12-18)[2022-08-19].https: //doi.org/10.1155/2021/ 3878378, 2021.

[239] CHEN W M, WANG S Y, WU X L.Concept refinement, factor symbiosis and innovation activity efficiency analysis of innovation ecosystem[EB/OL]. (2022-04-04)[2022-08-19].http://doi.org110.1155/2020/1942026.

[240] WU X L, WANG S Y, XU G Y.Compound grey-logistic model

and its application[EB/OL].(2021-05-27)[2022-08-19].https://doi.org/10.1155/2021/5588798.

[241] LIU Y, CHEN W M, WANG S Y, et al.Sustainable growth from a factor dependence and technological progress perspective: a case study of east China[EB/OL].(2021-09-02)[2022-08-19]. https://doi.org/10.1155/2021/8739442.

[242] ZHAI S L, WU X L, WANG S Y W, et al.Application of interaction effect multi-choice goal programming in project portfolio analysis[EB/OL]. (2021-09-03) [2022-08-19]. https://doi.org/10. 1155/2021/1863632.

[243] ZHAI S L, LIU Y, WANG S Y, et al.Growth scale optimization of discrete innovation population systems with multi-choice goal programming[EB/OL]. (2021-10-04)[2022-08-19].http://doi.org/10.155/2021/5907293.

[244] WU X L, WANG S Y, LIU Y Z, et al.Competition equilibrium analysis of China's luxury car market based on three-dimensional grey lotka-volterra model[EB/OL].(2021-12-23)[2022-08-19].https://doi.org/10.1155/ 2021/7566653, 2021.

[245] 陈向明, 理查德·布瑞德利. 扎根理论在中国教育研究中的运用探索 [J]. 北京大学教育评论, 2015(1)：2-15+188.

[246] 蔡瑞林, 陈万明, 陈圻. 低成本创新驱动制造业高端化的路径研究 [J]. 科学学研究, 2014(3)：384-391.

[247] 张新香. 商业模式创新驱动技术创新的实现机理研究：基于软件业的多案例扎根分析 [J]. 科学学研究, 2015(4)：616-626.